Jörg Zink

Lebenszeiten – Segenszeiten

Jörg Zink

Lebenszeiten – Segenszeiten

Meditationen, Inspirationen, Visionen aus der Bibel

benno

Bibliografische Information der Deutschen Nationalbibliothek
Die Deutsche Nationalbibliothek verzeichnet diese Publikation in der Deutschen Nationalbibliografie; detaillierte bibliografische Daten sind im Internet über http://dnb.d-nb.de abrufbar.

Besuchen Sie uns im Internet:
www.st-benno.de

Gern informieren wir Sie unverbindlich und aktuell auch in unserem Newsletter zum Verlagsprogramm, zu Neuerscheinungen und Aktionen. Einfach anmelden unter www.st-benno.de.

ISBN 978-3-7462-4375-7

Umschlag: birq design, Leipzig
Gesamtherstellung: Arnold & Domnick, Leipzig (C)

Inhaltsverzeichnis

1 Aufatmen sollt ihr 6

2 Wie wir werden sollen 12

3 Brücken bauen 20

4 Leben im Geist 26

5 Ein vertrautes Gesicht 46

6 Du bist freier, als du denkst 68

7 Licht gerade im Dunkeln 74

8 Glaubhaft von Gerechtigkeit reden 90

9 Sorge dich nicht! 106

1

Aufatmen sollt ihr

Kommt her zu mir, die ihr müde seid
und ermattet von übermäßiger Last!
Aufatmen sollt ihr und frei sein.

Mt 11,28

Der Reichtum unseres Glaubens kommt aus dem Evangelium. Woher auch sonst? Aber worin mag er bestehen? Wenn ich das wissen will, schaue ich Jesus über die Schulter, wenn er mit Menschen umgeht. Und da höre ich ihn sagen:
Kommt her, ihr alle, denen das Leben schwer aufliegt. Ich will euch eure Last abnehmen. Ich will euch Frieden schaffen. Ich will euch helfen zu leben. Aufatmen sollt ihr und frei sein.

Ich will euch helfen zu leben. Aufatmen sollt ihr und frei sein.

Ich sehe ihn mit einem Menschen reden und ihm sagen: Der Gott, von dem ich spreche, ist dir nahe. Er kennt dich. Zu ihm kannst du sprechen. Er hört, was du bittest, und weiß, was du brauchst. Du bist mir wert. Du brauchst den Wert deines Lebens nicht durch irgendeine Leistung nachzuweisen. Was du hörst, ist wichtiger, als was du kannst. Dein Vertrauen gilt mehr als dein Werk.
Aber schon dieser erste Ton des Evangeliums ist uns modernen Menschen in der Seele fremd. So fremd, dass ich mich frage, wie wir eigentlich in unserer heutigen Welt und Gesellschaft noch verstehen wollen, was Gott uns eigentlich in Jesus Christus gegeben hat. Da bringen wir uns gegenseitig mit unserem mörderischen Leistungsprinzip um das Leben und um die Würde und könnten doch in großer Gelassenheit einander das Leben und die Würde gewähren.
Aufatmen sollt ihr, sagt Jesus. Ich sehe eure Müdigkeit. Ich sehe, wie ihr euch in eure Angst und Verzweiflung einspinnt. Kommt, ich gebe euch die Kräfte, die ihr braucht, und den Frieden.
Und dann schaue ich Jesus noch ein zweites Mal zu: Da begegnet er den Ärmsten seines Landes. Und als er sie sah, taten sie ihm leid, denn sie waren verlassen, verhungert und heruntergekommen wie Schafe, die keinen Hirten haben. Er sah sie krank. Er sagte nicht: Finde dich mit deinem Leiden ab, sondern heilte die Krankheit. Er fasste Gelähmte an der Hand und richtete sie auf. Er sah sie krank an ihrer Seele, beherrscht von dunklen Mächten, und machte sie frei.
Er sah sie mit sich selbst zerfallen, in Verfehlungen verstrickt, den Folgen ihrer Schuld ausgeliefert, unfähig zum Frieden mit Gott. Er nahm ihnen die Angst vor der Vergangenheit und die Angst vor der Zukunft, die Angst vor den irdischen Richtern und die Angst vor Gott und half ihnen zu einem neuen Anfang. Er ließ die Menschen kommen, wie sie waren. Er schied nicht zwischen Guten und Bösen und sprach von dem Vater im Himmel, der seine Sonne scheinen lasse auf Gerechte und Ungerechte und regnen über beiden.
Wer zu ihm kam, brauchte nicht nachzuweisen, dass er sich geändert habe. Er empfing die Freiheit, sich zu ändern, und wurde mit dem Wort entlassen „Geh in den Frieden!“ Beende nun allen Krieg, dir selbst und den anderen gegenüber. Wenn ich dich annehme, darfst du

glauben, dass Gott dich annimmt. Nimm nun auch du selbst dich an. Versuche, Gott dafür zu danken, dass du bist, wie und was du bist. Wie solltest du deinen Nächsten lieben können wie dich selbst, wenn du gegen dich selbst Krieg führst?

Und wenn andere dich krank machen, dir deine Würde nehmen, dir deine Seele verletzen, dann sage ich dir: Deine Würde hängt nicht von dem ab, was Menschen sagen. Sie kommt von oben. Darum bist du getauft. Deine Würde ist dir eingestiftet, und niemand kann sie dir nehmen.

Und ich höre manchen, den ich kenne, etwa so sagen: Wenn mir Jesus gegenübersteht, dann bin ich plötzlich ich selbst. Ich bin kein Bruchstück, sondern ein ganzer Mensch. Ich bin nicht allein und verlassen, sondern habe ein großes starkes, deutliches Gegenüber in dem Gott, der barmherzig und freundlich mit mir umgeht.

Ich bin nicht tot in meiner Seele. Ich lebe. Es wächst noch etwas in mir. Es blüht und es reift noch etwas in mir. Es ist nicht alles Routine, es geschieht noch immer vieles in mir aus einer innersten Quelle. Ich habe eine Gelassenheit in mir, die ich nicht von mir selbst habe. Es ist eine Stille in mir, die nicht aus mir ist. Es ist eine Gewissheit da, die ihren Boden nicht in mir hat, sondern in dem festen, breiten, tiefen Grund, den ich erfahren habe. Ich brauche mich gegen die Welt und die Menschen nicht zu wehren und nicht abzuschirmen. Sie gehören zu mir und zu meinem Schicksal, und ich kann sie annehmen und bejahen.

Nimm nun auch du selbst dich an. Versuche, Gott dafür zu danken, dass du bist, wie und was du bist.

Und noch ein drittes Mal schaue ich Jesus zu, wenn er mit den Menschen umgeht: Ich bin gekommen, sagt er, Gefangene zu befreien, Misshandelte loszumachen, Gefesselten die Ketten abzunehmen, Blinden das Augenlicht zu geben und den Gelähmten den aufrechten Gang. Und die Menschen, mit denen er spricht, fassen die elementare Hoffnung, dass Verschlossenes sich öffnen kann, die Dunkelheit sich lichten. Er spricht von Befreiung. Und diese Befreiung drückt sich in unserer Gelassenheit aus.

Wir müssen nicht alle Probleme der Welt lösen. Wir sind nicht die Knechte von Menschen. Wir brauchen nicht gegen alles rundum zu kämpfen. Wir haben niemandem zu gehorchen. Wir haben nur einen Herrn. Und der bringt den Gefangenen das Licht und den Gefesselten die Freiheit. Und diese Freiheit nehmen wir sehr schlicht und selbstverständlich in Anspruch und handeln zum Heil der Menschen.

Dreimal schaue ich Jesus zu und weiß: Das ist das Evangelium: Diese Entlastung, diese Heilung, diese Befreiung. Und erst, wenn diese Freiheit in uns Raum gewonnen hat, gibt uns Jesus unsere Aufträge. Er überfällt uns nicht mit Forderungen, ehe wir die Kräfte haben.

Erst an die Entlasteten, die Geheilten, die Befreiten richtet er sein ethisches Wort.

Dann erst kommt der vierte Schritt: die Einübung in das konkrete Tun. Wenn Jesus mit einem Menschen zusammen war, ihm begegnete, mit ihm aß, mit ihm sprach, und er hielt ihn für fähig, mit ihm zu gehen, dann rief er ihn: Folge mir nach. Oder wenn er merkte, dass einer etwas begriffen hatte von dem, was zu tun war, dann sagte er ihm: Geh, und tue es. Oder wenn er einen Menschen geheilt hatte, ihm seine Last abgenommen, den inneren Streit in ihm beendet hatte, sagte er zu ihm: Geh im Frieden. Oder: Geh in den Frieden. Oder er wusch seinen Jüngern die Füße - und nachdem das geschehen war, sagte er: Was ich euch getan habe, das tut nun ihr einander. Das alles heißt: Er zeigt ihnen einen Weg und übt sie ein in das Gehen. Entlastung, Heilung, Befreiung, Befähigung – in dieser Reihenfolge, das ist das, was wir das Evangelium nennen.

Und so sehen wir den Reichtum des Glaubens vor uns und schließen uns zusammen zu einer Gemeinschaft derer, die einander trösten. Wir sind nicht so verlassen, wie wir manchmal meinen. Unsere Kirche kann durchaus eine Gestalt finden, in der sie sich zur Zuflucht eignet, zu einem Raum, in dem die Freiheit und die Würde des Menschen gilt. Zu einem Ort, an dem wir einander trösten können. Wir können durchaus tun, was Jesus Christus getan hat: Wir können einander Lasten abnehmen, wir können einander unsere Würde wiedergeben und so einander heilen. Wir können einander den Raum der Freiheit offenhalten. Und wir können einander helfen, konkret das zu tun, worin Freiheit sich ausdrückt.

Unsere Kirche kann durchaus eine Gemeinschaft sein, die zusammengehört, um zu hören und zu antworten, um Zwänge zu durchbrechen, das Untunliche zu tun, das Verschwiegene auszusprechen, für die Sprachlosen zu reden, das Verdrängte zu benennen und im Ernstfall auch das Leiden auf uns zu nehmen.

Lassen wir uns den Mut nicht nehmen. Es liegt alles daran, dass wir unserer Zukunft nicht abwehrend gegenüberstehen, nicht angstvoll verschlossen, nicht resigniert, sondern erwartend offen. Nichts ist festgelegt, alles liegt noch immer in der Freiheit und Barmherzigkeit Gottes.

Und so, in der Gemeinschaft mit Christus stehend, können wir sagen: Wir können uns mit allen Kräften einsetzen für die Gerechtigkeit des Gottesreiches unter den Menschen und brauchen uns auch angesichts aller Gefahren nicht zu fürchten. Alle unsere Pläne können scheitern, aber wir sind getragen. Wir können schwach werden, aber wir brauchen nicht auf eigenen Füßen zu stehen. Alles kann uns genommen werden, aber nichts brauchen wir festzuhalten. Es liegt uns, was wir brauchen, ungefährdet in der Hand. Es mag sein, dass wir bedroht sind, aber wir brauchen uns nicht zu wehren.

Alle unsere Pläne können scheitern, aber wir sind getragen.

Und bei aller Sorglosigkeit und aller Gelassenheit verlieren wir den Boden unter den Füßen nicht. Im Gegenteil, wir beginnen überhaupt erst zu ahnen, auf welchem Boden wir stehen. Wir verlieren uns nicht in Träume. Im Gegenteil, wir unterscheiden genauer zwischen unseren Träumen und der Wahrheit. Und wir erkennen, was den Menschen durch uns widerfahren soll an Güte und an entschlossenem Tun. Und vor uns liegt die Unendlichkeit des Reiches Gottes.

Wenn die irischen Mönche vor 1300 Jahren einen der Ihren auf einen langen Weg schickten, ins Ungewisse und Gefährliche, über die tausende von Kilometern, die diese Männer im Namen des Christus zurücklegten, dann gaben sie einander diesen Segen mit:

Möge dein Weg dir freundlich entgegenkommen.
Möge die Sonne dein Gesicht erhellen.
Möge der Wind dir den Rücken stärken
und der Regen um dich her die Felder tränken.
Und bis wir zwei, du und ich,
uns wiedersehen,
möge der gütige Gott dich
in seiner schützenden Hand halten.

2

Wie wir werden sollen

Jesus spricht:
Ich bin das Licht der Welt. Wer mir nachfolgt,
wird nicht in der Finsternis irren,
sondern das Licht schauen und das Leben finden.

Joh 8,12

Ihr seid das Licht der Welt.
Die Stadt auf dem Berg kann nicht verborgen sein.
Lasst also euer Licht brennen.

Mt 5,14.16a

Christus sagt: Ich bin das Licht der Welt, und er spricht uns die erstaunliche Berufung zu, wir selbst seien zu einem Licht der Welt bestimmt. Ich möchte also unseren Blick nach innen wenden, dorthin, wo sich zwischen Gott und unserer Seele entscheidet, wer wir selbst sind und immer mehr werden sollen.

Der Evangelist Johannes berichtet, Jesus habe in sieben Bildern beschrieben, wer er sei, was mit ihm in die Welt gekommen sei und was aus den Menschen werde, wenn sie ihren Weg durch die Jahre ihres Lebens mit ihm zusammen gingen. Sieben kurze Worte. Er habe gesagt: Ich bin das Licht. Ich bin das Brot. Ich bin der Weinstock. Ich bin der Hirte. Ich bin die Tür. Ich bin die Auferstehung. Und wie abschließend, alles noch einmal übergreifend: Ich bin der Weg, die Wahrheit und das Leben. Und in diesen Worten liegt nicht nur, was er über sich selbst sagt, sondern auch, was er über Gott sagt und über uns Menschen. Diese sieben Worte sind der Inbegriff dessen, was Jesus über den Sinn des Daseins sagt, über den Sinn unseres Wegs durch die Folge unserer Jahre. In diesen sieben Worten liegt also nicht nur ein ungeheurer Anspruch, es liegt vor allem eine große Weisheit darin, die sagt: Das ist Gott. Das ist die Welt. Und das bist du, Mensch.

Ich bin das Licht der Welt. Wer mir nachfolgt, wird Licht haben und leben.

Die sieben Worte wollen nicht eigentlich erklärt sein, sondern gesehen, betrachtet, umwandert. Dann fangen sie an zu leuchten. Dann erkennen wir Jesus Christus, Gott, diese Welt und uns selbst in einem.

Da ist also das Erste. Im Tempel im Jerusalem sagt Jesus einmal: Ich bin das Licht der Welt. Wer mir nachfolgt, wird nicht in der Finsternis irren, sondern Licht haben und leben. Auf dem Berg am See Genezareth sagt er einmal: Wollt ihr wissen, wer ihr seid? Ihr seid das Licht der Welt. Und dass er dieses ungeheure Wort zugleich über sich selbst und über uns Menschen sagt, ist entscheidend. Denn er sagt damit: Ihr lebt nicht in einer nachtschwarzen Welt. Da ist Licht. Gott ist Licht. Er ist es, der alles am Anfang schuf. Ich bin Licht. Ich bringe es. Ich zeige es. Ich stehe dafür ein.

Und am Ende wird Licht sein. Ihr werdet mir begegnen als einem hellen und warmen Licht. Seid nun auch ihr selbst ein Licht. Und wenn ihr durch diese Nacht geht, in der die Jahre einander folgen, dann geht ihr mit mir, auf mich zu. Ich begegne euch. Ich – das Licht.

Ist da also nicht doch ein freier Blick in die Zukunft? Nicht wir sind es ja, die das Licht anzuzünden und zu hüten hätten, sondern der, der am Anfang gesagt hat: Es werde Licht. Ich bin das Licht, sagt Jesus. Wir sind es mit ihm und werden es mit ihm sein. Denn: Gott ist das Licht.

Das zweite Wort sprach Jesus auf der Höhe des Golan. Dort verteilte er Brot an die Menschen und sagte: Mein Vater gibt euch das wahre Brot. Gottes Brot kommt vom Himmel und gibt der Welt das Leben. Ich bin das Brot des Lebens. Wer zu mir kommt, den wird nicht hungern. Wer zu mir kommt, den werde ich nicht vom Tisch weisen. Und am Passaabend nahm er Brot und gab es seinen Jüngern: Nehmt! Esst! Mein Leib, den ich für euch gebe. Er zeigte ihnen das Brot, das Gott ihnen gab: sich selbst. Denn das Brot, das Gott gibt, ist das Leben des Einen für die anderen.

Aber nun müssen wir fortsetzen: Ihr alle seid das Wort und das Brot. Oder haben wir Christen nichts zu sagen in einer Welt, in der die Menschen an ihrer und anderer Menschen Sprachlosigkeit zugrunde gehen. Wächst in uns kein Brot mehr? Ich bin das Brot, sagt Jesus. Nehmt es auf und gebt es weiter. Wem also Christus lebendig ist, dem wächst das Brot zu, das die nächsten Hände brauchen. Er wird selbst zu Brot.

Ein drittes Wort sagt Jesus in Jerusalem, am Abend des letzten Mahls: Er sprach von dem lebendigen, schöpferischen Geist, den er senden wolle, und sagte: Ich bin der Weinstock, ihr seid die Reben. Wer an mir bleibt, der bringt viel Frucht.

Fragt ihr euch, was denn bei eurem Leben und all seiner Bemühung am Ende herauskommt? Ein Ertrag sollte es doch wohl sein. Frucht. Aber dann muss irgendwo der Saft herkommen, aus dem ein Ast oder eine Rebe ihre Frucht ziehen. Ich bin der Weinstock.
Was ist es denn, was ich euch gebe? Es ist Geist. Geist aus Gott. Alles Lebendige kommt aus dem Geist, denn Gottes Geist ist die Kraft in allen Dingen, die bewegende Energie in allem, was lebt. Gottes Geist ist der Anfang alles Neuen, das auf dieser Erde geschieht, und der Anfang der Zuversicht auch in dieser Zeit, in der es immer wieder so schwer ist, den Mut nicht zu verlieren. Wenn wir glauben, dass gegen alle Erfahrung und allen Augenschein Neues und Reifendes geschehen kann, dann deshalb, weil der Geist Gottes am Werk ist.

Ich bin der Weinstock. Ihr aber seid Wein. Gebt ihn aus!

Die geistige Welt ist offen. Nimm also die Kraft an, die dir entgegenkommt. Sie verändert dich. Und wenn am Ende Frucht gewachsen ist, dann kommt sie aus ihr. Bleibe am Weinstock und feiere das Fest, von dem Jesus spricht wie von einer Hochzeit. Sollte es einen Glauben geben, der gar nichts an sich hätte vom Wein des Fests? Ich bin der Weinstock, sagt Jesus. Ihr aber seid Wein. Gebt ihn aus!
In einem Land, in dem nach allen Seiten hin die Wüste beginnt und das heißt die Welt der wandernden Schafhirten, sagt Jesus: Ich bin der Hirte, und vergleicht uns Menschen mit Schafen.
Dabei ist nicht dies der Vergleichspunkt, dass Schafe dumm wären, gehorsam und unselbständig, sondern dies, dass sie nicht überleben ohne einen Hirten. Dass ihr Leben in Gefahr ist, Hunger und Durst sie bedrohen, dass sie wehrlos sind gegen Räuber und Raubtiere und dass ihnen zugemutet ist, unbewaffnet zu sein auch gegenüber der Bestie. Die Herden am Rand der Wüste leben von dem Vertrauen, dass einer weiß, wo die Quellen und die Grasplätze sind, dass er die Seinen im Auge hat und sie im Ernstfall nicht verlässt. Und Jesus fügt hinzu: Der gute Hirte nimmt den Tod auf sich für das ihm anvertraute Leben. Er sagt: Wo der Tod angreift, stehe ich. Niemand wird mir den aus der Hand reißen, für den ich eintrete.
Aber darin liegt zugleich die unerhörte Anrede an uns: Ihr seid die Hirten. Hirte sein? Jeder weiß, was das für ihn bedeutete, zugleich bedroht und schützend zu leben. Wie Christus. Es wird, wenn die Glanzleistungen unseres Lebens längst vergessen sind, das sein, was bleibt. Das Bild Gottes in uns. Gott, der Hirte, in unserer Gestalt.
Ein fünftes Wort, mit dem Jesus zugleich über Gott, über sich selbst und über das Menschendasein spricht, lautet: Ich bin die Tür.
Ich bin die Tür, sagt er. Wer durch mich zu den Menschen kommt, kommt im Frieden und

mit dem offenen, freundlichen Wort. Wer durch mich kommt, nimmt Lasten ab. Ich lege niemand in Ketten, sondern bringe Freiheit. Wer in andere Menschen einbricht, indem er Furcht verbreitet, ist ein Dieb und Räuber, sagt er.

Als ich ein junger Vikar war, sprach einmal ein alter Lehrer mit mir über eine schwierige Schulklasse. Er sagte: Wenn du dich vor einer Schulklasse fürchtest, dann bleibe einen Augenblick stehen, ehe du eintrittst. Nimm den Türgriff in die Hand und sage: Christus ist die Tür. Dann geh hinein. Du wirst eine andere Stunde erleben. Der Rat lässt sich übertragen. Es kann die Tür sein zu einer schwierigen Sitzung, zu einem nervösen Chef, zum Operationssaal auch. Ich bin die Tür.

Denn Jesus sagt mit dem Wort von der Tür: Das Leben ist nicht eine Sackgasse, sondern ein Raum zu gemeinsamem Leben. Es ist ein offener Weg in die Freiheit. Die Zukunft ist nicht eine dunkle Wand, sondern eine Tür. Ich bin die Tür. So ist das Leben also kein Gefängnis, sondern ein offener Raum zu grenzenlosem Begegnen. Das Leben ist so eingerichtet, dass immer dort, wo sich eine Tür schließt, sich eine andere öffnet. Denn Christus ist zugleich die Tür und der, der durch die Tür kommt und durch die Türen führt.

Und ganz leise hören wir dazu: Ihr seid Türen. Versperrt euch nicht. Seid keine Mauern. Lasst ein, was kommen will. Tretet heraus und begegnet dem, was vorbeikommt. Geht hindurch, auch wenn ihr nicht seht, was kommt. Geht durch die Tür dieses Morgens mit freiem und weitem Herzen und voll erwartender Zuversicht.

Am Grab eines Freundes sprach Jesus ein sechstes Wort: Ich bin die Auferstehung. Wer an mich glaubt, wird leben, auch wenn er stirbt, und wer lebt und an mich glaubt, wird nicht sterben.

Ihr seid Türen. Lasst ein, was kommen will.

Ich bin, sagt Jesus, der Übergang von einem Leben in ein anderes. Ich bin dort, wo das niedergesunkene Leben aufsteht, um neu zu sein. Neu aus dem schöpferischen Geist Gottes. Denn wer nur das Ende sieht, sieht den kleineren Teil der Wirklichkeit. Die Welt ist tiefer und geheimnisvoller, als der meint, der nur das große Totenfeld sieht. Sie hat unendlich mehr Leben. Leben aus dem Geist. Leben einer glühenden, leuchtenden Art. In Christus aber nehmen wir die Auferstehung wahr. Wenn wir Christus schauen, schauen wir Auferstehung. Wir gehen durch diese Welt und wandeln unsere Gestalt, um ihm ähnlicher zu werden. Wir lassen unsere Gestalt wandeln auf unsere neue Gestalt hin, und wir werden sie gewinnen, indem wir auferstehen.

Als letztes seiner Worte über das Geheimnis, das in ihm erschien, sagt Jesus: Ich bin der Weg. Ich bin die Wahrheit. Ich bin das Leben. Als er Abschied nahm von dieser Erde, da

standen einige ratlose Leute um ihn herum. Als er ihnen sagte: Ihr kennt euren Weg, denn ihr kennt meinen Weg, da antwortete einer: Wir wissen nicht, wohin du gehst. Wie sollen wir den Weg wissen. Da sagte Jesus: Ich bin der Weg. Stelle dich an den Ort, an dem du mich siehst. Du wirst deinen Weg sehen. Und vielleicht wirst du dabei für andere Menschen etwas wie ein Weg.

Als Jesus vor seinem Richter, vor Pilatus, stand, sagte er: Ich bin in die Welt gekommen, um für die Wahrheit Zeugnis abzulegen. Da fragte der Römer wegwerfend: Was ist Wahrheit? Die Antwort darauf hatte Jesus den Seinen schon früher gegeben, und wir können sie so fassen: Wahrheit kommt nicht an den Tag, wo einer forscht und nachdenkt. Das sind bestenfalls Fingerübungen. Wahrheit ist mehr. Sie ist der freie Blick auf Gott. Schau mich an, sagt Jesus. Wenn du die Wahrheit sehen willst, dann sieh auf mich. Das ist der Blick auf die Wahrheit, die dir in dieser Welt schon gegeben ist. In dieses Geheimnis übe dich ein mit allen Kräften des Geistes und der Seele. Ich jedenfalls möchte auf meine alten Tage nur noch begreifen, was es in dieser Welt schon an Wahrheit zu begreifen gibt: den großen Zusammenhang zwischen Gott und unserer Seele, zwischen Gott und dieser Welt.

Ich bin das Leben, sagt Jesus und fasst noch einmal alles zusammen. Unser Weg also ist zunehmendes Leben, ein Weg der Wandlung in ein immer lebendigeres Bild Gottes.
„Wir sind nicht, was wir sein werden", sagt Johannes. „Wir werden ihm aber ähnlich sein, denn wir werden ihn schauen, wie er ist." Wir werden Christus auch in uns selbst erkennen. Wir überschreiten, was war, und gehen dem Leben entgegen, wie wir eine vergangene Woche überschreiten und einer neuen Woche entgegengehen.
Und vielleicht wird uns unser eigenes Bild dabei deutlicher. Wir werden nicht weniger sein als das, was Jesus über sich selbst sagt: Wir – das Licht. Wir – das Brot. Wir – der Wein. Wir – die Hirten. Wir – die Tür. Wir – die Auferstehenden. Wir – der Weg. Und wir finden dabei die Wahrheit und das Leben. Und den Sinn unseres Schicksals: die Wandlung in das Bild Gottes.

Wenn kein Rat ist, sagen wir: Christus ist die Tür. Also gehen wir durch diese Tür. Wir werden die Wahrheit finden. Wenn die Seele hungert, sagen wir: Christus, das Brot. Wir werden also finden, was wir brauchen. Wenn die Kraft schwindet: Christus, der Weinstock. Seine Kraft ist in uns, und sie wird wachsen. Wenn es dunkel wird: Christus, das Licht. Er macht uns selbst zu einem Licht. Wenn die Angst groß ist: Christus, der Hirte. Wir vertrauen uns ihm an. Er wird uns ans Ziel führen. Wenn die Stunde des Todes kommt: Christus, die Auferstehung. Wir werden ihm begegnen. Wir werden mit ihm leben. Wir sehen unseren Weg. Wir haben die Kraft, ihn zu gehen. Und wenn uns davon nur eines dieser sieben Wortbilder trifft, dann gehen wir unseren Weg, unser künftiges Leben mit diesem einen Wort.

Wahrheit ist der freie Blick auf Gott.

Und in all dem wächst in uns das Vertrauen und die Zuversicht. Die Zukunft wird der Weg sein, den Gott mit unserer Seele und mit dieser Menschheit und mit dieser Erde geht. Ihm sei Ehre und Preis in Ewigkeit.

3

Brücken bauen

Fürchte dich nicht,
denn ich habe dich erlöst,
ich habe dich bei deinem Namen gerufen,
du bist mein.
Wenn du durchs Wasser gehst,
will ich bei dir sein,
und Ströme werden dich nicht wegreißen.
Wenn du durchs Feuer gehst,
wirst du nicht verbrennen,
und die Flamme wird dich nicht versengen.

Jes 43,1b-4

Es gehört Vertrauen dazu, Brücken zu schlagen oder Brücken zu begehen, es ist also die Angst, die uns daran hindert, einander wahrzunehmen, einander zu besuchen, uns aufeinander zu verlassen. Brücken der Art, wie wir sie miteinander brauchen, bestehen aber im Ernstfall immer aus Menschen, die nicht auf ihrem Standpunkt beharren, sondern ihren Ort verlassen, um hin und her zu gehen zwischen den Häusern, zwischen den Gruppen und Parteien und Völkern, zwischen Kulturen und Machtblöcken. Eine Brücke besteht aus Menschen, die unterwegs sind.

Der Sinn einer Brücke ist der Friede. Frieden schafft, wer nicht an seinem Ufer stehen bleibt und zu einem bösen Feind hinüberschaut, sondern den Fuß aufs Wasser setzt und darauf vertraut, dass die Brücke des Zutrauens trägt.

Frieden entsteht, wo wir es wagen, einander so nahe zu sein, dass wir einander mit unseren Stimmen noch erreichen und einander nie weiter zu verlassen, als dass wir einander noch rufen hören. Brücken dieser Art bestehen aus dem Glauben, dass dort, wo Unbekannte wohnen, nicht Unbekannte sind, sondern Menschen. Und was brauchte unsere gefährdete Welt dringender als diesen Glauben?

Ich bin der Weg,
sagt Jesus.

Frieden entsteht, wo Menschen aufeinander zugehen in dem Vertrauen, dass sich da nicht Untiere begegnen, sondern Menschen. Dass die anderen nicht ihre Vernichtung wollen, dass sie vielmehr wahrscheinlich selbst im Frieden mit ihren Kindern leben möchten. So einfach solche Vermutungen sind, sie sind alles andere als selbstverständlich. Denn Vertrauen kann nicht befohlen werden. Man kann es nur wagen, zu vertrauen. Und das ist nicht einfach in unserer Zeit.

Frieden entsteht, wo Menschen die Lüge behutsam auf die Seite räumen und der Wahrheit des anderen sich öffnen. Wo man nicht von Mord spricht, wo kein Mord ist, nicht von Gefahr, wo Gefahr nicht ist, nicht von Zwangsläufigkeiten, wo noch immer alles auf das Wort ankommt, das einer spricht, und auf die Begegnung mit ihm. Selig sind, sagt Jesus, die den Frieden stiften. Sie sind die Töchter und die Söhne Gottes.

Sie sind mit dem unterwegs, den wir den Sohn nennen. Von dem es heißt, er habe den Zaun abgerissen und sei von Gott zu uns Menschen herübergekommen und von uns Menschen wieder zu Gott. Jesus Christus, der große Wanderer zwischen den Welten. Er bewohnte kein Haus, sein Haus war vielmehr die Straße. Und wenn wir ihn sagen hören: Folge mir nach, dann werden wir ihm nach unterwegs sein von einem Haus zum anderen, von einem Ufer zum anderen, Frieden bringend und das Wort von Gottes Barmherzigkeit.

Das Gleichnis von der Brücke sagt uns: Hier, wo du stehst, ist quer zu allem, was trennt, dieser schmale Weg über das Wasser. Aber der trägt. Ich bin der Weg, sagt Jesus.

Und wenn wir alle einmal an jener großen Grenze stehen, an der unser Leben endet, dann werden wir wieder eine Brücke brauchen, die uns über den großen Strom trägt, an das andere Ufer hinüber, an dem der Christus der Ostergeschichte steht und uns empfängt.

Wir werden nichts hinübertragen, nichts, das wir besitzen, und nichts, das uns vertraut ist. Wir werden unser Herz freimachen müssen von allem, was wir bei uns hatten, und unseren Fuß auf einen unbekannten Weg setzen.

Wenn aber dieser Tag gekommen sein wird, dann wird es wichtig sein, ob wir das Begehen von Brücken in diesem Leben schon eingeübt haben oder nicht. Ob wir hier schon das Vertrauen fassen konnten, um mit Christus von Ufer zu Ufer zu gehen.

Alles, was wir tun, wenn wir dem Frieden dienen, ist eine Vorübung auf jenen Weg. Und alles, was wir an Vertrauen fassen, ist ein Anfang zu dem Vertrauen, das wir nötig haben auf der letzten Brücke.

Auf Kirchentagen üben wir fröhlich und gelassen ein, was wir danach auf den Wegen unserer Wochen und unserer Jahre können müssen – und auf unserem ganzen Weg, den wir miteinander durch diese Welt gehen, hin und her zwischen den Menschen, üben wir ein, was uns am Ende durch Gottes Barmherzigkeit gelingen soll: den Weg in den Frieden, der höher ist als alle Vernunft.
Und wenn keine Brücken sind, sondern nur das Wasser eines Flusses? Dann zeigt uns die Heilige Schrift das Bild von einem Volk, das durch das Wasser eines Stroms watet, an das andere Ufer, an dem der Weg weiterführt. Das Bild von einem Volk, das am Ufer steht und ein Wort hört, das Gott zu ihm spricht. Und dieses Wort möchte ich Ihnen, uns allen, wo immer wir zuhause sein und vor welchem Ufer immer wir stehen mögen, zusprechen:

Wort von Gott:
Fürchte dich nicht.
Ich befreie dich.
Ich rufe dich bei deinem Namen,
du bist mein.
Wenn du durch Wasser gehst,
bin ich bei dir,
inmitten von Strömen
halte ich dich fest.
Wenn du durch Feuer gehst,
wirst du nicht brennen,
und die Flamme
wird dich nicht versengen.
Ich bin der Herr, dein Gott;
Ich mache das Meer still,
wenn seine Wellen brausen,
und schütze dich.
Ich zeige dir einen Weg
auf dem Grunde des Meeres:
den Weg der Befreiten,
die erlöst sind von Angst.
Freude gebe ich dir
im Aufbruch
auf dem Weg,
aber Geleit im Frieden.

nach Jes 43,1ff.

4

Leben im Geist

Nachdem uns nun Gott bejaht und angenommen hat aufgrund
des Glaubens, ist Frieden zwischen ihm und uns.
Jesus Christus, unserem Herrn, verdanken wir das.
Er zeigte uns den Weg und öffnete uns die Tür zu der
Freundlichkeit Gottes, in der wir zu Hause sind.
Wir freuen uns und preisen Gott im Voraus, in der Hoffnung,
an seiner Herrlichkeit teilnehmen zu dürfen.
Wir freuen uns und preisen Gott aber auch, wenn wir bedrängt sind,
denn Bedrängnis lehrt uns, geduldig zu sein.
In der Geduld aber finden wir Bewährung, Bewährung wiederum stärkt
die Hoffnung. Hoffnung aber enttäuscht nicht.
Denn die Liebe Gottes ist ausgegossen in unsere Herzen,
da wir den Geist empfingen.

Röm 5,1-5

Das folgende Wort ist eigentlich ein Lied, von Paulus in einem Ausbruch der Freude und der Dankbarkeit geschrieben. Er richtet es an eine Gemeinde, die umgeben ist von Missverstehen und Ablehnung, von Drohung, von Hass und Verachtung in der großen und fremden Stadt Rom, in der es wahrlich kein Vergnügen war, ein Christ zu sein. Und gerade ihr schreibt er einen Lobgesang. Der steht in Römer 5. Und weil er in einer uns sehr fremden Dichte der Sprache abgefasst ist, schreibe ich die Worte ein wenig um. Dann lautet er so:

Nun, da wir uns Gott anvertrauen, ist alles gut.
Wir sind so, wie er uns haben will.
Nun sind unser Widerstand gegen Gott
und der Streit gegen ihn zu Ende, und es ist Frieden zwischen ihm und uns.
Es ist der Friede, den Jesus Christus, unser Herr, gestiftet hat.
Er hat uns den freien Zugang geöffnet.
Wir stehen vor Gott, an den wir glauben,
und empfangen seine Gnade, nämlich den Frieden.
Und wir preisen ihn und danken ihm,
denn er hat uns unsere Hoffnung gegeben,
dass wir leben werden im Licht der Herrlichkeit Gottes.
Aber nicht nur das. Wir preisen ihn auch in Bedrängnissen,
denn wir wissen:
In den Bedrängnissen wächst die Geduld.
Wir haben erfahren:
In der Geduld festigt und bewährt sich unser Glaube,
aus der Bewährung erhebt sich Hoffnung.
Diese Hoffnung aber enttäuscht nicht.
Wie kann ich das behaupten?
Ich kann das sagen, weil uns Gottes Geist gegeben ist
und die Liebe, die von Gott ausgeht, unsere Herzen erfüllt.

Es ist alles gut, so beginnt Paulus dieses 5. Kapitel. Wir brauchen uns vor Gott nicht mehr zu verteidigen. Er liebt uns, wie wir sind, und wir brauchen nichts zu bringen als unseren Glauben. Wir sind gerecht, sagt er. Wir brauchen gegen Gott nicht mehr zu streiten. Wir haben Anklagen und Vorwürfe gegen Gott hinter uns, ebenso wie unsere alte Angst vor ihm. Wir stehen da, gelassen, im Licht Gottes und rühmen unseren Herrn, Jesus Christus, der uns das alles verschafft hat. Wir haben Frieden mit Gott, sagt er.

Und wenn ich, Paulus, mich schwach fühle, was gräme ich mich um meine Schwäche? Alles, was geschehen muss, wirkt Gott selbst in mir, sein Geist. Ich brauche mich um den Sinn und Ertrag meines Lebens nicht zu kümmern, ich weiß sie wohl bewahrt in Gottes Hand. Ich brauche mich um das Gelingen meiner Bemühungen nicht zu sorgen, er selbst wirkt in allen Dingen, was gut ist für mich und die anderen. Ich habe eine gute und reiche Zukunft vor mir, und nichts und niemand kann mich scheiden von der Liebe Gottes, die ich in Christus finde, meinem Herrn. Und wenn es sehr dunkel aussieht in mir und um mich her, dann begegne ich doch mitten im Dunkel nicht dem Teufel und nicht irgendwelchen Höllenhunden, sondern dem liebenden Gott selbst.

Da klingen die Lieder des Alten Testaments an, in denen es etwa heißt: Glücklich ist der Mensch, der Freude hat an Gottes Gebot. Der ist wie ein Baum, gepf anzt am Wasser, der seine Frucht bringt und dessen Blätter nicht welken, und alles, was er tut, das gerät ihm wohl.

Paulus fährt fort: Wenn ich mich selbst anschaue, – selbst in aussichtslosen Schwierigkeiten wächst etwas: die Fähigkeit, Last zu tragen, die Geduld. Und in der Geduld finde ich meine eigentliche Gestalt, die Gestalt eines Menschen, der auf seinen Füßen steht und vorausblickt auf eine Zukunft, die voll Licht ist.

Er liebt uns, wie wir sind, und wir brauchen nichts zu bringen als unseren Glauben.

Und damit sind wir jetzt schon mehr, als wir selbst an uns sehen. In uns wächst der neue Mensch, und am Ende werden wir ihm, Jesus Christus, unserem Herrn, gleich sein.

Und so reiht Paulus jene Grundworte aneinander, in denen sich ihm das Leben und die Lebendigkeit des Geistes verdichten. Gerechtigkeit – Glaube – Friede – Gnade – Herrlichkeit – Leid – Geduld – Bewährung – Liebe. Es sind die Grundwörter, deren gemeinsame Kraft er das eine Mal als den „Geist Gottes“ bezeichnet, das andere Mal als Jesus Christus. Mensch und Gott rücken bei ihm zusammen, der Mensch ist in Gott. Gott ist im Menschen. Und die Zone, in der das geschieht, ist der „Geist“, das lebendige Strömen der Liebe Gottes. Und als Gewährsmann und schaffende Energie zeigt Paulus immer wieder den Christus, der dies alles bewirkt.

Das sind nun sehr steile und anspruchsvolle Gedanken, die man eben annehmen oder ablehnen kann, zu denen uns aber kaum je eigene Erfahrungen hinführen. Nur in den mittleren Zeilen sagt Paulus einige Dinge, die in unsere praktische Erfahrung hereinreichen, und mit denen möchte ich beginnen. Er sagt da etwas im Grunde Seltsames: Er sagt: Ihr seid in großen Schwierigkeiten. Aber es ist gut so. Und wir kennen seine Worte aus Luthers Übersetzung so:

Der Mensch muss sein Vertrauen ins Dasein von Kindheit an mitbekommen haben.

> Wir rühmen uns auch der Bedrängnisse, weil wir wissen, dass
> Bedrängnis Geduld bringt, Geduld aber Bewährung,
> Bewährung aber Hoffnung,
> Hoffnung aber lässt nicht zuschanden werden.

Das reicht nun durchaus in unsere Erfahrung hinein. Aber wir erleben eher als diese Logik des Apostels Paulus das Gegenteil:
Bedrängnis bringt Ungeduld,
Ungeduld bringt Klage und Unzufriedenheit,
Unzufriedenheit bringt Verzweiflung,
Verzweiflung lässt zuschanden werden.
Bestenfalls machen wir, wenn wir viel mit leidenden, kranken, bedrängten oder einsamen Menschen zu tun haben, die Erfahrung: Wenn einer schwach ist, wird er durch die Bedrängnis noch schwächer, ist er ungeduldig, wird er noch ungeduldiger, ist er zornig, dann wird er durch Bedrängnis noch zorniger.
Und umgekehrt: Hat einer Kräfte des Geistes und des Herzens, dann wird er durch die Bedrängnis noch stärker, hat einer schon ein Stück Weges zur Weisheit zurückgelegt, dann wird er durch Leid weiser. Hat einer die Fähigkeit, Leid zu tragen, so wächst sie ihm in der Bewältigung des Leids. Jeder verstärkt im Leid das, was er schon ist.
Wie kann Paulus entgegen solcher Erfahrung so reden, wie er es tut? Natürlich wissen wir, dass es das gibt, und die Geduld, die Festigkeit, die ungebrochene Zuversicht, die wir bei schwer kranken Menschen erleben können, gehören zum menschlich Schönsten überhaupt. Aber es muss schon viel da sein, damit ein solches Wachstum geschehen kann: Ein solcher Mensch muss sein Vertrauen ins Dasein von Kindheit an mitbekommen haben, gestiftet vielleicht von der Liebe der Eltern. Er muss die Erfahrung gemacht haben, dass er im Zweifelsfall nicht allein ist, sondern umgeben von einer Gemeinschaft zuverlässiger und hingabefähiger Menschen, er muss erlebt haben, dass das Leben – um es einmal so neu-

tral zu sagen – es gut mit ihm meint. Er muss selbstverständlich davon ausgehen, dass das Leben insgesamt einen Sinn hat.
Und hier hat die Gemeinde Jesu Christi natürlich auch ganz einfach menschlich eine große Chance, mit Geduld und Treue und Festigkeit um den Leidenden her zu sein. Aber es ist bei alledem zu bedenken: Von all dem redet Paulus hier nicht. Aber wovon dann?
Das ist deutlich: Durch Leid und Bedrängnis kommt in den Menschen ein Prozess in Gang, und er kann Schritt um Schritt zur Zerstörung des Menschen führen. Er kann aber auch zur Klärung und Stärkung und am Ende zum Frieden und zur Zuversicht, zur Güte und zur Weisheit führen. Und welcher dieser beiden Prozesse in Gang kommt, das hängt mit vielen Bedingungen zusammen. Mit was für Bedingungen?

Paulus beschreibt sie genau. Wichtig ist zunächst: Er sagt nicht: Aus Bedrängnis kommt Hoffnung. Eine Hoffnung, die so direkt aus einer Notlage erwächst, könnte allzu leicht ein Akt der Selbsttröstung sein, ein Versuch, der finsteren Gegenwart eine goldene Zukunft entgegenzusetzen. Paulus führt uns vielmehr einen Weg über zwei Zwischenstufen, einen Weg geduldiger und aufmerksamer Verarbeitung des Leidens.
Die erste Rahmenbedingung für den Prozess, den Paulus meint, ist dies, dass da Menschen nicht allein sind, sondern in der Gemeinschaft von Christen. Diese Christen leben in einer Umwelt, die ihnen feindlich ist. Sie leben unter Druck.
Mit Gott sind sie im Reinen, von den Menschen erleben sie Streit und Widerstand, und da sie ohnmächtig sind, da sie keine Macht haben, da sie zur Gewalt nicht greifen dürfen, leiden sie, sind sie bedrängt, benachteiligt, diffamiert.
Die zweite Rahmenbedingung ist die, dass sie überzeugt sind, dass diese Bedrängnis sie nicht zufällig trifft, dass hinter ihr vielmehr Wille und Plan Gottes stehen. Auch ideologische Scharfmacher oder kleine Bürokraten sind nur die Figuren im Vordergrund, im Hintergrund steht Gott.
Die dritte Rahmenbedingung, und sie ist die wichtigste, steht im ersten Satz: Wir haben Frieden mit Gott. Wir haben wohl noch allerlei Fragen an Gott, und wir hoffen, dass Gott sie uns dereinst beantworten wird. Wir fragen durchaus nach dem Sinn des Leids, wir fragen, warum so viel Unrecht ist, aber in diesen Fragen liegt kein Vorwurf mehr, kein Angriff auf Gott, kein Hass gegen Gott. Wir stellen sie zwar mit heißem Herzen, aber wir wissen auch, dass Gott nicht verpflichtet ist, sie uns zu beantworten. Wir trauen Gott zu, dass das, was uns in dieser Welt sinnlos erscheint, Sinn hat. Wir vertrauen darauf, dass dem Dasein eine letzte Güte zugrunde liegt, sogar eine letzte Gerechtigkeit.

Wir haben Frieden mit Gott.

Wir wissen, dass sich die Wahrheit uns entzieht, und vertrauen dennoch darauf, dass es eine letzte Wahrheit gibt und dass wir sie eines Tages schauen werden. Wir haben Frieden mit Gott. Das Gelärme unserer Anklagen und Vorwürfe ist still geworden.

Und vor allem: In der ersten Zeile steht: Nun wir denn sind gerecht geworden durch den Glauben ... Da denkt man wohl auch an die geistigen Kampfworte der Reformation, z. B. das Hauptwort der Reformation „Rechtfertigung“, Rechtfertigung allein aus dem Glauben – was ist denn damit gemeint? „Nun wir denn sind gerechtfertigt worden durch den Glauben.“ Die Worte sind ja vielen unter uns fremd und fern und ohne klaren Sinn. Was ist damit gemeint?

Die Frage Luthers lautete, wie es zum Einvernehmen komme zwischen Gott und den Menschen. Seine Antwort lautete: Dieses Einvernehmen stellt sich allein dadurch ein, dass Gott es herstellt. Also durch die Gnade Gottes. Und was der Mensch dazu beizutragen habe, sei nicht eine Leistung, sondern ein Vertrauen und der Wille, das Geschenk Gottes anzunehmen. Er hat diese seine Antwort mit den Sprachmitteln seiner Zeit in der sogenannten „Rechtfertigungslehre“ formuliert. Was bedeutet sie?

Eines der wichtigsten Bilder, die die Heilige Schrift gebraucht, wenn sie unser Leben deutet, ist das Bild vom Gericht. Man könnte geradezu sagen, für die Heilige Schrift sei das Dasein insgesamt so etwas wie ein Rechtsstreit, ein großer Prozess. Da ist ein Richter, eine Anklage,

ein Anwalt, ein Gesetz. Da ist Schuld, da ist Sühne oder Freispruch. Wie ein riesiges Panorama malt die Bibel an den Horizont der Welt das Bild einer Gerichtsverhandlung.

Nun sollte man meinen, dies könne einem Jahrhundert, dessen heißestes Problem das der Gerechtigkeit geworden ist, begreiflich sein. Wer Gerechtigkeit für alle, die Ausgebeuteten, die Erniedrigten und die Beleidigten so leidenschaftlich fordert wie die Menschheit unserer Zeit, kennt, so darf man vermuten, den, der das Recht verweigert, und sucht den, der das Recht schafft und das Unrecht ausscheidet. Er versteht das Geschehen in der Welt als Rechtsstreit.

Sie brauchen nur irgendeine Zeitung aufzuschlagen, dann haben Sie den Beweis. Jedes Volk behauptet von sich selbst, es gehe ihm um Gerechtigkeit, um das Recht, um Humanität. Jedes Volk behauptet von seinem Gegner, er sei im Unrecht, sein Tun sei das eines Rechtsbrechers. Jeder ist selbst unschuldig, immer ist der Feind schuld. Man entlarvt einander, man überführt einander. Man verdammt einander, man bringt Zeugen bei gegen den anderen, und wenn es geht, richtet man einander hin. Alle Propaganda ist Anklage und Selbstverteidigung.

Wir vertrauen darauf, dass es eine letzte Wahrheit gibt.

Aber das ist im Kleinen exakt dasselbe. Zwischen Kollegen, zwischen Mann und Frau, zwischen Glastür und Glastür, zwischen Eltern und Kindern geht die Anklage hin und her: Du bist schuld. Das hast du getan. Das musst du gutmachen. Das ist mein Recht. – Mit dem Auge des Anklägers oder des Angeklagten, der sich verteidigt, sieht der 70-Jährige auf sein Leben zurück. Mit den Worten der Anklage oder der Selbstverteidigung redet ein fünfjähriges Kind mit seinen Spielkameraden.

Ständig sind die Menschen damit beschäftigt, sich gegenseitig zu richten, einander zu verurteilen. Irgendwie sind sie gezwungen, das zu tun. Irgendwie können sie nicht anders. Aber warum eigentlich? Wer berechtigt sie dazu? Wer zwingt sie dazu?

Auf der anderen Seite redet jeder so, als klage ihn irgendjemand an. Da stellt man seine Leistungen zur Schau. Da rühmt man seine Liebe zu den Menschen, da rühmt man seine Uneigennützigkeit, seine Verdienste und Erfolge. Ständig singt man öffentlich und privat das Loblied auf sich selbst. Frage: Wer verlangt das eigentlich?

Es scheint so, als vermöchte die Menschheit diesem Grundmerkmal des Lebens, dass es nämlich ein Gericht ist, nicht zu entrinnen. Es ist allzu deutlich. Wer wagt denn schon auf den Ehrentitel, ein „guter Mensch" zu sein, zu verzichten – oder, was fast dasselbe ist, auf sein verbrieftes Recht, ein schlechter Mensch sein zu dürfen?
Nun meint die Bibel, in dieser Hartnäckigkeit des Menschen, seine Unschuld wie ein Transparent vor sich herzutragen, sozusagen unablässig für sich zu demonstrieren, offenbare sich seine Situation. Es offenbare sich der Zwang, unter dem er stehe, seine innere Zerrissenheit, vor allem aber sein lebenslanger Barrikadenkampf gegen sich selbst, gegen die anderen und gegen Gott. Wer von sich behaupte, er sei ein guter Mensch, beweise eben damit, dass er es nicht ist. Denn wer gut ist, wer im Gleichgewicht lebt, wer mit sich einverstanden ist, braucht nicht für sich selbst zu demonstrieren.

Und zum Dritten meint sie: Wenn es eine solche Begnadigung durch Gott gebe, dann könne niemand etwas Authentisches darüber wissen, es sei denn, er nehme es aus dem Munde Jesu zur Kenntnis. Das heißt: Er glaube.

Ich kann nicht finden, diese „Rechtfertigungslehre" habe für uns heutige Menschen im Geringsten an Aktualität verloren. Man mag sie modern formulieren oder in der Sprache einer früheren Zeit. Sie war und ist eine harte Sache für den, der sich um sein Recht wehrt. Sie ist befreiend für den, der sieht, wie aussichtslos es ist, für die eigene Verteidigung irgendetwas Glaubwürdiges zu unternehmen. Sie bringt den Frieden dem, der ihn ernsthaft will, und das Ende der Gerichtsverhandlung zwischen den Menschen.

„Wer will verdammen? Christus ist hier." Das ist die Rechtfertigungslehre der Reformation. Das alles, dieses Spiel von Selbstdarstellung und Selbstrechtfertigung, von Anklage und Vorwurf haben wir hinter uns. Wir sehen auch auf uns selbst mit dankbarer Gelassenheit, von uns ist nur jenes dankbare Vertrauen verlangt, das wir Glauben nennen. Nun wir denn sind gerechtfertigt durch den Glauben, sagt Paulus, so haben wir Frieden mit Gott.

Von uns ist nur jenes dankbare Vertrauen verlangt, das wir Glauben nennen.

Wo aber Frieden eingekehrt ist in unser Gespräch mit Gott und Frieden in unsere Gespräche mit uns selbst, da wird der Horizont unseres Lebens klarer. Da gewinnt der Blick Weite. Da öffnet sich uns die Zukunft, leise und allmählich, da wird das Dasein transparent, und wir schauen vorausnehmend schon, auf was für ein Ziel wir am Ende zugehen werden.

Paulus sagt: Wir fangen an, uns selbst zu beglückwünschen dafür, dass uns eine solche Zukunft bevorsteht, und wir preisen Gott, der sie uns öffnet. Wir sehen am Horizont unseres Daseins und am Horizont der Welt das helle Licht eines kommenden Tages.

Und das sind die Rahmenbedingungen, unter denen die Worte über die Bedrängnis und die Geduld und die Bewährung und die Hoffnung ihren Sinn gewinnen.

Und da erst hat es Sinn, dass Paulus uns seine persönlichen Erfahrungen aus seinem Leben und Leiden mitteilt. Da kann er sagen und nur unter diesen Bedingungen: Ich habe erfahren, dass mitten in Bedrängnis und Verfolgung sich etwas einstellte wie ein langer Atem, und als ich mich ihm überließ, wuchsen die Kräfte, und in dem Maß, in dem die Kräfte wuchsen, war mir die Zukunft nicht mehr so bedrohlich, sie weitete sich, mein Weg wurde klarer, ich gewann die Zuversicht, dass ich ihn bestehen werde, und ich bin überzeugt, diese Zuversicht wird sich bewähren.

Erfahrung aber fällt nicht vom Himmel, einfach so. Erfahrung gewinnt man, indem man auf dieser Erde einen genauen Weg geht. Wer herumträumt, macht keine Erfahrungen. Erfahrung gewinnt man im Umgang mit einem Schicksal. Man gewinnt sie, indem man Schwierigkeiten annimmt und sich vor Leid und Bedrängnis nicht drückt. Und so ist es nicht zufällig, dass die Christen seit alter Zeit den Weg ihres Schicksals eingeübt haben dadurch, dass sie sich den Weg ihres Herrn, Jesus Christus, vor Augen gestellt haben, den Leidensweg oder Kreuzweg, wie sie ihn nennen. Und so gehen wir unseren eigenen Lebens- und Leidensweg zusammen mit dem Leidensweg des Christus und machen dabei genau dieselbe Erfahrung, von der Paulus spricht – wie nämlich in der Bedrängnis Geduld entsteht, aus der Geduld Festigkeit, und wie vor dem bereiten, entschlossenen Menschen sich der freie Horizont einer großen Hoffnung auftut. Ich will es deutlicher zeigen.

Geduld heißt die Kraft, unter einer Last zu bleiben.

Als Jesus nach Jerusalem ging, war ihm klar, dass es hier zu einer Entscheidung kommen würde, ob die Menschen, vor allem auch die Autoritäten seines Volkes, ihn annehmen würden oder nicht. Und es dauerte nur wenige Tage, da zeigte sich, dass die Macht sich gegen ihn entschied und dass er ihr, der Macht der Priester und der Macht der Römer, wehrlos gegenüberstand.

Und als er am Abend nach dem letzten Mahl in den Garten Gethsemane ging, da schloss die Nacht sich um ihn, den einsamen Menschen, die Angst und die Einsamkeit, die Bedrängnis der Stunde. Es blieb ihm nichts als das einsame Gebet. Dreimal betete er, und die Schweißtropfen, so wird erzählt, fielen wie Blutstropfen auf die Erde. Bedrängnis! Aber in diesem Gebet entschied er: Wenn du, Vater, willst, dass ich dieses schreckliche Schicksal auf mich nehme, dann nehme ich es auf mich. Dann geschehe dein Wille.

„In der Bedrängnis wächst die Geduld." Was die Bibel meint, wenn sie von „Geduld" spricht, hier ist es: Im Gespräch mit dem Vater übernahm Jesus die Last, die ihm bestimmt war, und es wuchs ihm die Kraft zu, Ja zu sagen und unter dieser Last zu bleiben. Das Wort, das da für Geduld steht, heißt eigentlich die Kraft, unter einer Last zu bleiben. Und das eben ist eine der Übungen, die uns der Kreuzweg zumutet. Es hört sich so einfach an und ist dabei so fragwürdig, wenn Paulus sagt: Bedrängnis bringt Geduld hervor. Das tut sie in der Nachfolge des Christus und keineswegs von selbst. Und der Kampf wird unter Umständen lange hin- und hergehen zwischen dem Willen Gottes und dem Willen des Menschen, bis er entschieden ist und wir bereit sind, unter unserer Last zu bleiben.

Als die Tempelwache danach in den Garten eindrang, um ihn zu suchen und festzunehmen, unter der Führung des Judas, da war der Kampf und das Hin und Her zwischen dem

Willen Gottes und dem Willen des leidenden Menschen beendet, und Jesus trat den Soldaten mit großer Ruhe und Festigkeit entgegen. Da sagte er zu ihnen: Wenn ihr Jesus von Nazareth sucht, der bin ich. Und in dieser Festigkeit stand er danach vor seinem ersten Richter, dem Hohepriester, und vor seinem zweiten Richter, dem römischen Gouverneur, und vor seinem dritten Richter, dem König Herodes. Ich bin der Christus, sagte er dem ersten. Ich bin ein König, sagte er dem zweiten. Und dem dritten gegenüber war kein Wort mehr nötig. Geduld bringt Festigkeit, die sich bewährt, sagt Paulus. Und diese Festigkeit wiederum üben wir ein, indem wir uns den Weg des Christus vergegenwärtigen und ihn in der Zucht geistlichen Nachdenkens mitgehen.

Und in dieser Festigkeit vor seinen Richtern stehend, schaut er die Zukunft, der er entgegengeht. Du meinst, so spricht er Pilatus an, meine Sache hier sei zu Ende. Nein. Ich bin ein König. Ich bin geboren und in die Welt gekommen, um für die Wahrheit zu zeugen. Wer aus der Wahrheit ist, der hört meine Stimme und der wird sie hören. Du meinst, so spricht er den Hohepriester an, du habest einen der vielen kleinen Propheten vor dir, die man erledigen kann, wenn sie unbequem werden. Du wirst mich noch sehen, sitzend zur Rechten Gottes und kommend in den Wolken des Himmels. Und als der arme Kerl, den sie neben ihm kreuzigten, sich an ihn wandte in den qualvollen Stunden des langsamen Sterbens, da öffnete er ihm den Horizont, der so finster war, und zeigte ihm das Licht, in das er ihn hinüberführen wollte und sagte: Heute noch wirst du mit mir im Paradiese sein. Da war Ostern, da war das Licht der Auferstehung gegenwärtig mitten in der Finsternis des Karfreitags.

Wer aus der Wahrheit ist, der hört meine Stimme.

Paulus sagt: In der Festigkeit, die den Weg annimmt und ihn unbeirrt geht, öffnet sich der Horizont der Hoffnung. Diese Hoffnung aber – nicht irgendeine, es gibt viele trügerische Hoffnungen – diese Hoffnung erweist sich als verlässlich.

Diese Hoffnung aber üben wir ein, indem wir den Kreuzweg unseres Herrn mitgehen bis in das Licht des anbrechenden Ostertags. Schritt um Schritt. Wort um Wort. Als unseren eigenen Weg.

Und hier fehlt es unter uns Christen an allen Enden. Wir gehen zumeist sehr ungeübt in Zeiten der Krankheit hinein oder in Zeiten der Erfolglosigkeit, in Zeiten, die uns überfordern, Zeiten, in denen wir Widerständen begegnen. Und schon kommen die so unendlich falschen Standardfragen hoch: Warum geschieht das mir? Warum lässt das Gott zu? Wofür werde ich gestraft? Schon erweist sich, dass wir keinen Frieden mit Gott haben, sondern alle Augenblicke der Streit gegen Gott, das Misstrauen gegen Gott, der Hass gegen Gott aufbricht und – ganz natürlich – weder Geduld entsteht noch Festigkeit, noch gar Hoffnung.

Wir gehen ungeübt in die Zeiten, die uns an die Grenzen führen, in die Trauer etwa, und so wächst in uns nichts, und die Trauer zerstört nur, was war, und schafft nichts Neues. Die Trauer verwandelt nichts. Und doch wäre eben dies ihr Sinn. Alle Bedrängnis will etwas an uns bewirken. Jeder Weg durch irgendein finsteres Tal, in dem wir sagen: Wenn ich hier schon wandern muss, fürchte ich kein Unglück, denn du bist bei mir.
Und was sind die Folgen dieser Ungeübtheit? Da geht man von der Meinung aus, das Leben sei einem doch vor allem so etwas schuldig wie Glück, Sicherheit, Erfolg, Bestätigung. Da ist man überzeugt, das Glück und das Wohl lassen sich produzieren und planen und machen. Da meint man, Krankheiten müssten vermieden werden, und wenn sie schon einträten, dann müsse man sie möglichst schnell und brutal niederschlagen und austreiben. Und es ist außerordentlich charakteristisch, dass im Zusammenhang mit solchen Zeitmeinungen sich die Depression zu einer Massenkrankheit auswächst. Denn das Leben ist nicht so, wie der naive Mensch es sich vorstellt. Da wächst sich die Schwermut aus, diese Kraftlosigkeit der Seele, diese seelische Wurzellosigkeit, diese Hoffnungslosigkeit, dieses ewige Starren ins Dunkle oder mindestens ins Aschgraue. Diese Krankheit, der man mit Medikamenten eben nicht beikommt und aus der eben trotz aller Bedrängnis keine Geduld wachsen kann, sondern nur die Verzweiflung, keine Festigkeit, sondern nur die immer schrecklichere Mattigkeit. Umgekehrt habe ich erlebt, dass diese merkwürdige, moderne Schwermut durchgestanden wer-

den kann, wenn der Schwermütige einen Menschen findet, der diesen dunklen Weg mit ihm durchhält und ihm zeigt, dass dies eben nicht eine Krankheit ist, gegen die es Pillen gibt, sondern ein Weg, ähnlich dem Weg des Christus. So haben es die Mystiker der christlichen Geschichte erfahren, auch Luther. Dann sprachen sie nicht mehr von Schwermut, sondern von der dunklen Nacht der Seele. Dann gaben sie den Rat, dieser dunklen Nacht nicht entfliehen zu wollen, sie nicht zu hassen, sondern in ihr nach der Hand des Christus zu suchen, der mitgeht bis in den Ostermorgen. Dann geht es um den Willen Gottes und um unseren Willen und darum, dass es uns gelingt, mit dem Willen Gottes ins Einvernehmen zu kommen. Und so bildet sich eine neue Kraft, eine neue Verwurzelung. Festigkeit, sagt Paulus.

Ich empfinde immer wieder, aus der Schwermut führe eigentlich keine Heilung, sondern letztlich nur eine Auferstehung. Und erst durch diese Auferstehung der Seele könne im schwermütigen Menschen all das geschehen, was Paulus hier aufzählt. Denn jede Schwermut kann wiederkehren, und doch kann sich von Schritt zu Schritt, von Dunkelheit zu Dunkelheit etwas ändern, und am Ende könnte der Sinn der Schwermut allmählich sichtbar werden: Dass nämlich in der Bedrängnis tief drunten im finsteren Tal die Geduld wächst, nämlich die Fähigkeit, zu sagen: Wenn es dein Wille ist, dann nehme ich meine Last auf mich und bleibe darunter. Und aus dieser Geduld wächst dann, wie Paulus es beschreibt, jene Festigkeit, die die nächste Dunkelheit erträglicher macht, tragbarer. Und wo diese Festigkeit wächst, da wächst an der Hand des mitwandernden Christus eine erste Hoffnung, dass die Dunkelheit nicht das Letzte sei, dass da noch ein Tag komme, eine Auferstehung, ein Licht aus dem Licht Gottes.

Aus der Geduld wächst Festigkeit, die die nächste Dunkelheit erträglicher macht.

Von hier aus lese ich noch einmal den Hymnus, der diese Worte von der Bedrängnis und von der Geduld und von der Festigkeit und von der Hoffnung einrahmt, und verstehe ihn als den Jubelruf eines Menschen, der sehr tief in den Dunkelheiten gefangen war.

> Nachdem uns nun Gott bejaht und angenommen hat aufgrund des Glaubens, ist Frieden zwischen ihm und uns. Jesus Christus, unserem Herrn, verdanken wir das. Er zeigte uns den Weg und öffnete uns die Tür zu der Freundlichkeit Gottes, in der wir zu Hause sind. Wir freuen uns und preisen Gott im Voraus, in der Hoffnung, an seiner Herrlichkeit teilnehmen zu dürfen.

Wir freuen uns und preisen Gott aber auch, wenn wir bedrängt sind, denn Bedrängnis lehrt uns, geduldig zu sein. In der Geduld aber finden wir Bewährung, Bewährung wiederum stärkt die Hoffnung. Hoffnung aber enttäuscht nicht. Denn die Liebe Gottes ist ausgegossen in unsere Herzen, da wir den Geist empfingen.

Hier nun setzt Paulus noch einmal an mit der Gegenfrage: Wie kann ich denn das nun behaupten? Antwort: Ich kann das alles sagen, weil uns Gottes Geist gegeben ist. Dieser Paulus macht es uns ja wirklich nicht leicht, ihm zu folgen, mit der Dichte und Konzentration, in der er seine Erkenntnisse mitteilt. Der Heilige Geist, sagt er, ist uns gegeben. Was ist das, der Heilige Geist?
Und wer kann so reden? Mir ist Gottes Geist gegeben! Wer nimmt so etwas schon in Anspruch? Welcher einzelne Christ? Welcher Pfarrer? Welcher Bischof? Wo gibt es das, dass eine Kirche ein Wort in die Öffentlichkeit stellt, ein Wort an die Völker, an die Regierungen,

das mit dem Satz beginnt: Wir sagen und bekennen im Geist Gottes! Gott hat uns seinen Geist gegeben, darum sagen wir, darum reden wir in seiner Vollmacht. Was ist das, der Geist Gottes?

Paulus erklärt einmal, man könne durchaus erkennen, ob einem Menschen der Geist Gottes gegeben sei. Wenn nämlich ein Mensch im Wasser der Taufe stehe und dort stehend zu Gott sagen könne: Vater! Das heißt, wenn ein Mensch im Elend stehe, in der Bedrängnis, in der Angst und in der Tiefe einer Schuld und dann sagen könne: Ich nehme das alles aus deiner Hand. Ich vertraue mich dir an. Das sei das eigentliche Merkmal.

Normalerweise denken wir ja anders. Wenn jemand den „Geist Gottes" hat, so müsste man meinen, dann hebt er sich aus der grauen Szene ab und schwebt in höheren Regionen. Aber genau das denkt die Bibel nicht.

Sie sagt vielmehr so: Als Gott die Welt schuf, da schwebte der Geist Gottes über dem Wasser und es entstand eine Welt aus Wasser und Land, Tier und Pflanze, also von irdischen Dingen. Wenn der Geist Gottes einen Menschen ergreift, dann hört er ein Wort von Gott, und dieses Wort hebt ihn nicht über den Tag hinaus, sondern verweist ihn an die Menschen, an Politiker, an Könige, und er redet zu Sachfragen dieser Erde. Wenn ein Mensch den Geist der Weisheit von Gott empfängt, sagt die Bibel, dann findet er konkrete Lösungen für Probleme, mit denen die Menschen auf dieser Erde zu tun haben. Und wenn Gott selbst in der Gestalt eines Menschen auf diese Erde kommt, so erzählt die Weihnachtsgeschichte, dann sendet er seinen Geist – und durch diesen Geist entsteht nicht so etwas wie überirdische Begeisterung, wie Ekstase unter den Menschen, sondern dann bekommt ein Mädchen, sehr konkret, ein Kind. Und wenn ein Mensch in der Nachfolge Christi den Geist Gottes empfängt, dann wird er fähig, auf dieser Erde den Weg des Christus zu gehen.

Wo der Geist Gottes ist, kommt die Liebe Gottes auf diese Erde.

Wo der Geist Gottes ist, kommt die Liebe Gottes auf diese Erde, nimmt sie irdische Form an, irdische Gestalt. Wo der Geist Gottes ist, geschieht etwas Konkretes auf der Erde. Der Geist Gottes ist eine Bewegung von oben nach unten sozusagen. Er hebt uns nicht empor, sondern gibt uns die Kraft, hier unten uns mit unserem Glauben zu bewähren. Er ist ein anderes Wort für die Liebe Gottes zur Erde, zu den Dingen, zu Pflanze und Tier, zu den Menschen. Und die zentrale Gestalt, in der die Liebe Gottes auf dieser Erde erschien, die Gestalt des Geistes Gottes, ist Jesus Christus selbst.

Und so kann Paulus sagen: Der Geist Gottes ist uns gegeben, und so kommt es, dass in unserem Herzen die Liebe Gottes ist, dass die Liebe Gottes ausgegossen ist. Und indem wir erfahren: In uns wirkt nicht nur unser Egoismus, nicht nur unsere Selbstliebe, nicht nur unsere Durchsetzungskraft, sondern die Liebe Gottes, glauben wir, dass der Geist Gottes in uns und durch uns wirksam ist.

Der Geist Gottes ist aber der Geist des Christus, und so ist unser Weg ein Weg mit Christus, in Christus, und wir nehmen seine Geduld in Anspruch, seine Festigkeit, seine Hoffnung. Und diese Hoffnung enttäuscht uns nicht. Christus ging den Weg seines Leidens in Jerusalem. Immer tiefer stieg er hinunter in das Schicksal der Menschen. Leibwerdung ist ein Ausdruck der Liebe. Annahme des Leidens ist ein Ausdruck der Liebe. Und so kommt die Liebe Gottes immer tiefer herab bis zu uns, die ihr Schicksal nur bestehen können, wenn sie sich geliebt wissen. Die Liebe Gottes ist ausgegossen in unsre Herzen durch den Heiligen Geist.

Und nun fällt uns auf, dass Paulus, obwohl er eine sehr persönliche Erfahrung schildert, nicht sagt: Die Liebe Gottes ist ausgegossen in mein Herz, sondern in unsre Herzen. Wir sind gerechtfertigt. Wir haben Frieden mit Gott. Er stellt den Menschen, von dessen Schicksal er spricht, in eine große Gemeinschaft und sagt einmal an einer anderen Stelle: Wir sind getröstet in aller Bedrängnis, so lasst uns einander trösten. Lasst uns einander umgeben mit der Liebe Gottes, die in unser Herz ausgegossen ist. Unser Trost ist, dass Gott in Christus uns so nahe kam. Und der Trost, den wir weitergeben, ist der, dass diese Nähe des Christus dem anderen spürbar wird, indem wir ihn umgeben und bei ihm aushalten.

Wir glauben, dass der Geist Gottes in uns und durch uns wirksam ist.

Denn das ist nun das Zweite, das der Geist in uns bewirkt: Wir alle sind dazu berufen, den anderen Menschen und der übrigen Kreatur ein Christus zu sein. Träger des Geistes, Stellvertreter des Christus auf dieser Erde.

Ich lebe, sagt Paulus. Aber nun nicht ich, sondern Christus lebt in mir. Ich lebe. Ich bin etwas. Ich kann, was ich soll. Ich habe Kräfte. Ich sehe, wo mein Auftrag liegt. Ich bin Instrument des rettenden Willens Gottes. Und auf andere Weise wird in dieser Welt des tausendfältigen Todes, in dieser Welt der Angst und der Hoffnungslosigkeit, keine Hoffnung entstehen.

Und noch ein Drittes bewirkt der Geist: In dieser Hoffnung sitzen wir nun nicht still hinter dem Ofen. Wir reden vielmehr. Wir tun den Mund auf, sagt Paulus. Wir sprechen aus, was der Geist zu uns spricht. Und das heißt auch: Wir widerstehen allen den Mächten in unserer Welt, die die Menschen stumm machen, die den Tod über das Lebendige bringen, die den schöpferischen Geist leugnen und die Welt zugrunde gehen lassen um des bloßen Gewinns willen an Geld oder Macht.

Christoph Blumhardt meinte, in der Hoffnung liege ein trotziges Aufbegehren, und ein Tropfen entschlossenen Widerstands gegen die Mächte des Todes sei besser als ein ganzes

Meer von Ergebung. Wir sollen uns also nicht so sehr um unsere eigene Seele kümmern – um die kümmert sich Gott. Wir sollen vielmehr dort, wo der Ungeist regiert, vor Ort das Gerechte tun. Gott, den Schöpfer aller Dinge bekennen, wie Christus in das Dunkel hineintreten und das Licht verkündigen. Den Geist Gottes aufnehmen und in uns und durch uns handeln lassen, stellvertretend für die stumme, leidende Kreatur.

Und so werden wir Träger der Hoffnung sein. Menschen, die unterwegs sind auf ihr Ziel zu: den Tag Gottes. Glauben heißt, solange das Ziel nicht erreicht ist, unterwegs sein.

Was der Glaubende hat, was er weiß, was er besitzt, das hat er auf dem Wege, und er hat es so, wie man auf einem langen Weg zu Fuß überhaupt etwas haben kann. Nicht wie man Haus und Hof hat, sondern wie leichtes Gepäck.

Er hat nicht alle Wahrheit, aber so viel, wie er unterwegs braucht. Er kennt nicht alle Geheimnisse. Er löst nicht alle Rätsel. Er muss nur wissen, auf wen er zugeht und wie er die nächste Strecke Weges bewältigt.

Er hat nicht alle Freiheit, aber so viel, wie er unterwegs braucht. So viel, dass er sich nicht festhalten zu lassen braucht, wenn er gehen will. Ihm ist nicht aller Sinn erschlossen, aber so viel, wie er unterwegs braucht. Er muss nicht erkannt haben, warum die Welt sich dreht und warum Gott sie schuf. Er darf aber vertrauen, dass seinem Weg ein Plan zugrunde liegt und dass von ihm nur die kleine Treue verlangt ist: die Treue, die auf dem Weg bleibt.

Selig sind, die das Leid anderer tragen, denn sie werden trösten können.

Selig sind, die Leid tragen, sagt Jesus. Selig sind sie, denn Gott wird sie ihrem Leid entreißen. Wer sich der Trauer überlässt und sie nicht überlärmt oder unterdrückt, ist selig; Gott wird nicht die Trauer allein aufheben, sondern auch ihren Grund.

Aber selig sind auch, die das Leid anderer tragen, denn sie werden trösten können. Selig sind, die das Leid anderer tragen, sie werden den leidenden Christus, den auferstandenen, zeigen können. Selig sind sie. Sie tun, was Christus tat: Er stieg in die Niederungen hinab und nahm die Last der anderen auf.

Leid tragen ist Leiden mit Christus. Getröstet werden ist Leben mit Christus. Glücklich sind, die das Leben erleiden bis an die Grenze, die der Tod ist, und den Tod bis an die Grenze, die das Leben ist. Glücklich sind sie, ihre Freude wird so groß sein, dass sie sich ausbreitet auch über das Herz der Trauernden um sie her.

Und am Ende ist ihr Glück dies, dass da andere sind, die zu ihnen sagen: Auch im finsteren Tal fürchte ich mich nicht, denn du, Mensch, bist bei mir. In dir begegnet mir der rettende Christus selbst.

Das also ist gemeint: Bleibe auf dem Weg. Fass dein Ziel ins Auge. Lass dich einen Träumer schelten von denen, die sagen: Mit beiden Beinen muss der Mensch auf der Erde stehen. Denn wer ein Ziel erreichen will, muss gehen. Wer mit beiden Beinen auf der Erde steht, kommt nicht vorwärts. Bleib nicht stehen! Komm! Und du wirst erkennen, dass du begleitet bist „mit Güte und Freundlichkeit". Am Ende aber wirst du vor einem Haus ankommen, dessen Tür offen ist. Und es wird einer in der Tür stehen und sagen: Komm, denn es ist alles bereit.

Bleibe auf dem Weg. Fass dein Ziel ins Auge.

Und wenn du Platz nimmst in diesem Haus Gottes am Ziel deines Weges, dann wirst du deine Angst an der Tür liegen lassen, deine Sorge, deine Einsamkeit, auch alles, was du verdrängt hast in die Tiefe deiner Seele, was du versteckt hast vor Gott und den Menschen. Und du wirst auch deine Fragen zurücklassen, die du an Gott gerichtet hast. Er wird nicht nur, wie die Schrift sagt, alle Tränen abwischen und nicht nur deine Schuld von dir nehmen, er wird dir auch mit der Hand über die Stirn gehen und dich von deinen Fragen heilen, wie man ein Fieber wegnimmt. Du wirst erkennen, dass du begleitet warst auf deinem Weg mit Güte und Freundlichkeit, und wirst glücklich sein – vielleicht nicht deshalb, weil dir nun alle Fragen beantwortet sind, wohl aber deshalb, weil du erkennst, dass in deinen Fragen kein Sinn ist. Und du wirst Wohnrecht haben in der Klarheit Gottes.

Die Gedanken des 5. Kapitels schließt Paulus im 8. Kapitel ab. Dort nimmt er den Ton dieses Liedes noch einmal auf und führt es zu Ende:

> Wer soll uns von der Liebe Gottes scheiden? Wir sehen, dass diese Welt ihrem Ende zugeht – aber nimmt uns das die Liebe Gottes? Wir sehen keinen Weg der Rettung – aber verlieren wir damit die Liebe Gottes?
> Trennt es uns von Gott,
> wenn Menschen uns verfolgen?
> Wenn wir hungern?
> Wenn wir wehrlos allen Gefahren ausgesetzt sind?
> Wenn man uns das Leben nimmt?
> Denn ich bin gewiss, dass uns nichts in dieser Welt von der Liebe Gottes trennen kann.

Ob wir sterben, ob wir am Leben verzweifeln, wir bleiben in ihr.
Ob die Welt voll ist von unsichtbaren Mächten, die uns ins Unheil führen, von geistigen Mächten, gegen die wir nichts ausrichten, oder ob die Weltgeschichte weitergetrieben wird von der Angst und der Torheit der Menschen, wir bleiben in Gott, und nichts kann uns von seiner Liebe trennen.
Ich bin gewiss, dass weder der Tod noch das bedrohliche Leben, noch Boten der dunklen Macht, weder Zufall noch Schicksal, weder das heutige Unheil noch die Gefahren von morgen, weder die Gewalten der Erde noch Mächte in den Sternen, in der Höhe am Himmel oder in der Tiefe unter meinen Füßen noch irgendein anderes, von Gott geschaffenes Wesen, das seinem Willen unterworfen ist wie sie, uns zu scheiden vermag von der Liebe Gottes, die uns in Christus erschien, unserem Herrn.

nach Röm 8,35-39

5

Ein vertrautes Gesicht

Jesus begab sich aus Galiläa weg und
kam in das Grenzgebiet von Judäa, jenseits des Jordan.
Eine unübersehbare Menschenmenge war mit ihm unterwegs,
und er heilte die Kranken, wohin er kam.

Mt 19,1-2

Da brachten sie ihm Kinder mit der Bitte,
er möge ihnen die Hände auflegen und über ihnen beten.
Die Jünger aber fuhren sie an. Jesus verwies es ihnen:
„Lasst die Kinder in Frieden und hindert sie nicht,
zu mir zu kommen, denn denen, die so sind wie sie,
gehört das Himmelreich."

Mt 19,13-14

Da brachten sie ihm Kinder mit der Bitte, er möge ihnen die Hände auflegen und über ihnen beten. Die Jünger aber fuhren sie an. Jesus verwies es ihnen: „Lasst die Kinder in Frieden und hindert sie nicht, zu mir zu kommen, denn denen, die so sind wie sie, gehört das Himmelreich." Und er legte ihnen die Hände auf und wanderte weiter.
Einmal lief einer ihm entgegen und sprach ihn an: „Meister, was muss ich Gutes tun, um das ewige Leben zu gewinnen?" „Was fragst du mich um ‚das Gute'?", entgegnete Jesus. „Es gibt nur Einen, von dem man sagen kann, er sei ‚gut'." „Wenn du aber ewiges Leben gewinnen willst, dann halte dich an seine Gebote." „Welche?", fragte er. Da zählte Jesus sie auf: „Du wirst nicht töten, du wirst die Ehe nicht brechen, du wirst nicht stehlen, du wirst keinen falschen Eid leisten, du wirst deinen Vater und deine Mutter in Ehren halten und wirst den Menschen neben dir lieben wie dich selbst." Da sagte der junge Mann: „Das habe ich alles schon bisher sorgfältig eingehalten. Was fehlt mir noch?" „Wenn du deinem Ziel gerecht werden willst", antwortete Jesus, „dann geh nach Hause, verkaufe alle deine Güter und gib den Erlös an Arme weiter, so wirst du bei Gott reich sein, und dann komm und geh mit mir." Als der junge Mann das hörte, ging er traurig weg, denn er war reich.
Jesus aber redete mit den Jüngern weiter: „Was ich sage, ist wahr: Ein Reicher wird es sehr schwer haben, ins Himmelreich zu gelangen. Ich will es noch einmal sagen: Leichter gelangt ein Kamel durch ein Nadelöhr als ein Reicher in das Reich Gottes." Als die Jünger das hörten, erschraken sie zu Tode und fragten: „Wer kann dann überhaupt selig werden?" Jesus sah sie an: „Vom Menschen aus gesehen ist es unmöglich. Gott aber hat die Macht, alles zu tun, was er will." Petrus

„Wenn du aber ewiges Leben gewinnen willst, dann halte dich an seine Gebote."

aber fragte nach: „Und wir? Wir haben alles verlassen und haben uns dir anvertraut. Wie wird es uns am Ende ergehen?“ „Was ich sage“, fuhr Jesus fort, „ist wahr:
Wenn die Zeit der Wiedergeburt kommen wird, werde ich in göttlicher Macht auf meinem Thron sitzen. Dann werdet auch ihr, die schon auf dieser Erde mein waren, auf zwölf Thronen sitzen und über die zwölf Stämme Israels das Urteil sprechen.
Jeder, der Häuser, Brüder, Schwestern, Vater oder Mutter, Kinder oder Äcker verlässt, um mir zu dienen, wird hundertmal Größeres gewinnen und das ewige Leben empfangen. Viele aber, jetzt die Ersten, werden die Letzten sein, und Letzte die Ersten.“

Matthäus 19,13-30

Soweit drei Geschichten aus dem Matthäus-Evangelium: die von den Kindern, die von dem jungen Mann und die vom Gespräch zwischen Petrus und Jesus. Und wir stellen uns vor, sie spielten in einem der Bergdörfer südlich des Golan, wo es nach Amman hinübergeht, zwischen den Häusern und inmitten vieler Menschen, die dort zusammenströmten.
Der Maler Rembrandt hat uns vor rund 350 Jahren ein Blatt radiert, das diese Geschichten schildert. Betrachten wir zum Anfang unserer Überlegungen dieses Bild: das Hundertguldenblatt oder, wie man auch schon gesagt hat: die große Krankenheilung.
Aber eigentlich ist schon dieser Ausdruck zu schmal, eigentlich zeigt das Blatt, wie Jesus mit den Menschen überhaupt umgeht. Es zeigt das schlichte Evangelium des Mannes von Galiläa.
Vielleicht ist es gut, kurz zu bedenken, in welcher Lage der 42-jährige Rembrandt dieses Blatt gestaltet hat. Kurz vorher war seine geliebte Frau Saskia gestorben. Zugleich traf ihn mitten in seinem Reichtum der Verlust seines Vermögens und aller seiner Kunstschätze. Sein Ansehen bei den Menschen sank, aus der Gemeinschaft der Bürger war er praktisch ausgestoßen. Bei den Juden von Amsterdam und einer christlichen Randgruppe fand er eine gewisse Zuflucht. Er gehörte plötzlich, nachdem er zu den Spitzen der Gesellschaft gehört hatte, zu den Allerletzten, zu den Armen und Elenden und Verlassenen.
Und da malt er, wie Jesus inmitten der Elenden und Verlassenen seines Landes steht. Inmitten von etwa vierzig Menschen verschiedener Art und Herkunft steht Jesus, erscheinend in einem Strahlenkranz aus Licht, und es geschehen alle die Geschichten, die wir im Evangelium lesen.
Auf einem Blatt, das kunstvoll durchlebt ist von der Dunkelheit von menschlichen Schicksalen und der Helligkeit der barmherzigen Nähe des Christus sagt Rembrandt, wer für ihn Christus ist.

Kommt her zu mir,
ich will euch erquicken.

Wir lesen im Evangelium: Und Jesus ging umher in alle Städte und Dörfer Galiläas, lehrte in ihren Synagogen und predigte das Evangelium vom Reich Gottes und heilte alle Krankheit und alles Gebrechen. Und da er das Volk sah, tat es ihm weh, denn sie waren ausgehungert und verlassen wie Schafe, die keinen Hirten haben.
Hinter dem Christus lastet eine tiefe Dunkelheit. Aus einem Toreingang zur Rechten drängen die Menschen auf ihn zu. Zu seinen Füßen knien oder liegen sie. Auf einer Art Balustrade links diskutiert eine Gruppe von Männern. Zwischen ihnen und dem Christus wenden sich ein paar Männer ihm zu. Unter diesen bringt eine Frau ein Kind, hinter ihr links führt eine andere Frau ihr Kind nach. Ganz links steht ein offenbar vornehmer Herr im

Gespräch mit einem anderen. Die linke Seite ist eingerahmt von stehenden, verharrenden, abwartenden Menschen, in der Mitte und auf der rechten Seite drängen die Menschen auf ihn zu, und er selbst steht mitten in der Schwärze seines Hintergrunds, wohl eines großen Hauses, mit der Handbewegung, die etwa sagt: Kommt her zu mir, alle, die ihr mühselig und beladen seid, ich will euch erquicken. Aber was für Geschichten sind gemeint?

Beginnen wir links vor Jesus, wo die beiden Frauen ihre Kinder bringen. Es ist die Geschichte, wie Jesus seine Jünger beiseiteschiebt und den Frauen den Weg öffnet: Lasst die Kinder kommen. Denen, die so sind wie sie, steht das Gottesreich offen. Die linke der beiden Frauen trägt ein Kind auf dem Arm, ein anderes hält sich an ihrem Rock fest, die rechte steigt eben eine Stufe hinauf und schaut auf das Kind in ihrem Arm.

Zwischen den beiden Frauen sitzt der junge Mann, von dem unsere zweite Geschichte berichtet hat. Nachdenklich vielleicht, oder auch schon resigniert sitzt er an der Seite und verbirgt das Gesicht in der Hand. Noch scheint er zu überlegen, ob er der Aufforderung des Meisters, alles zu verkaufen und wegzugehen, nachkommen soll, aber in wenigen Augenblicken wird er aufstehen und nach Haus gehen. Enttäuscht. Ratlos.

Denen, die so sind wie die Kinder, steht das Gottesreich offen.

Und schon bahnt sich die dritte unserer Geschichten an. Unmittelbar links neben Jesus drängt sich Petrus nach vorn, und die drei anderen Jünger, die hinter ihm stehen, scheinen eben die gleiche Frage auf der Zunge zu haben, die er stellt. Wir haben das getan, was du von dem jungen Mann verlangst, was bekommen wir dafür?

Links von den Vieren aber lehnt sich eine Gruppe von Männern, es sind acht, wenn wir genau zählen, über eine Brüstung. Diskutierend, ein wenig hämisch, wie es scheint. Wie kann der der Erlöser Israels sein, wenn er sich mit solchem Lumpengesindel einlässt?

Links unten scheint die Situation noch offen zu sein. Einige Männer reden miteinander, noch unentschlossen, was sie von dieser Szene und von diesem Mann halten sollen.

Ganz anders die rechte Seite: Beginnen wir rechts außen. Da führen ein paar Männer ein Kamel durch einen Toreingang oder aus einer Gasse heraus. Davor ein Afrikaner in dunklem Turban mit einem Esel, links von ihm eine Frau, in der wir Rembrandts Mutter wiedererkennen. Und dann folgt der Elendszug der Kranken. Auf einer Schubkarre liegt, quer auf ein Bett gebettet, ein Kranker, über ihm wird ein Gelähmter, der sich am Stock heranschleppt, von einem Mann an der Hand geführt. Zwischen ihm und Jesus steht einer und streckt den linken Arm zu ihm hin, als sagte er: Komm! Die paar Schritte musst du noch schaffen. Unmittelbar vor Jesus knien vier Gestalten, ein Mann oder eine Frau, die die Hände bittend zusammenlegt und sich zu ihm hinaufwendet, während die Hände ihren dunk-

len Schatten auf das helle Gewand des Meisters werfen. In der Bildmitte unten aber liegt eine Frau, hilflos, reglos, das eigentliche Symbol für die Menschen, denen sich Jesus hier zuwendet, die, die ihn brauchen. Die Gesunden brauchen den Arzt nicht, wohl aber die Kranken, sagt Jesus.
Wenn Sie nun die Linie von ihrem Kopf über ihre Füße nach links vorn fortsetzen, sehen Sie einen ausgehobenen Schacht, wie ein Grab. Das ist offenbar die einzige Perspektive noch, die ihr bleibt. Das Grab und der Tod. Und da liegt doch ein Zeichen der Hoffnung. Über dem Rand des Grabs liegt ein abgebrochener Ast, und dieser Ast treibt an seinem rechten Ende ein paar Blätter. So ist also noch Hoffnung, Hoffnung, die von dem Mann ausgeht, der über ihr steht.

Der Schwerpunkt unserer Betrachtungen liegt in der linken Bildmitte: bei den Kindern, bei dem reichen jungen Mann und den Jüngern, die mit Jesus reden.
Da ist die Geschichte, wie Jesus die Kinder segnet. Wir machen uns nicht mehr klar, wie anstößig das Wort: Wer so ist wie diese Kinder, wird das Reich Gottes sehen, für das Ohr eines Zeitgenossen Jesu war.

Den Kindern das Reich Gottes? Es ist für Mitteleuropäer von heute in keinem Sinn mehr nachfühlbar, wie unerhört das war. Bis zum zwölften Jahr reichte die Kindheit. Danach begann die Zeit, in der man im Gesetz unterwiesen wurde. Das Reich Gottes gehörte aber nach allgemeiner Überzeugung dem, der von seinem zwölften Jahr an das Gesetz und den Ritus lernte und einübte und sich im Gehorsam bewährte. Einem Kind, das vom Gesetz nichts wusste, konnte das Reich Gottes unmöglich gehören. Wer vom Gesetz nichts wusste, war ein Heide, ein Abtrünniger, ein Sünder, ein Verfluchter. Ein Kind hatte seinen Zugang zu Gott, den Zugang zum Reich, nur durch Vermittlung seines Vaters, falls der Vater das Gesetz einhielt. Wenn nun Jesus sagt: „Das Reich Gottes gehört den Kindern", könnte er ebenso gut sagen: Das Reich Gottes gehört den Gottlosen, wie er ja auch gesagt hat: „Die Zöllner und die Huren werden vor euch im Reich Gottes sein." Und das eben war ein Angriff auf das Heiligste, auf Gesetz und Ordnung, und das heißt auf das Einzige, auf das Israel seine Hoffnung setzen konnte. Wer das Gesetz für überflüssig erklärte, stellte sich außerhalb Israels. Und eben dies tat Jesus mit klarem Bewusstsein.
Und dann die Geschichte mit dem reichen jungen Mann: Da kommt also einer an und fragt, wir würden heute sagen: Er fragt nach dem Sinn seines Lebens. Er fragt nach einer lohnenden Aufgabe. Er fragt nach seiner Bestimmung. Er fragt: Was hat Gott gemeint, als er mich in diese Welt stellte? Was will er von mir? Wofür soll ich mich einsetzen?

Du bist mehr, wenn du weniger hast.

Willst du ewiges Leben, so hören wir Jesus sagen, dann ist nicht wichtig, was du hast, sondern wer du bist. Du bist mehr, wenn du weniger hast. Zwischen Haben und Sein fällt die Entscheidung für die Ewigkeit. Lass fahren, was dich hindert.
Jesus gewinnt ihn lieb, wird erzählt. Man kann das Wort auch so übersetzen, dass es bedeutet: Er fuhr ihm mit der Hand übers Haar. Es liegt etwas von Zärtlichkeit in dem Ausdruck. Er traut ihm das Ganze zu. Er traut ihm die Kraft zu, das volle Leben zu wollen, die Festigkeit und den Willen zum Wesentlichen, die nötig sind, wo einer ein Leben sucht, das vor Gott und den Menschen gelingt.
Jesus fordert ein Opfer nur im Vordergrund. Dort, wo ein Mensch sich von dem löst, was er hat, kann er das werden, was er ist und nach Gottes Willen sein soll. Im Grunde sagt er:

Du wirst glücklicher sein. Du wirst genauer mit dir selbst übereinstimmen. Du wirst freier sein. Du findest das Gottesreich, das also, was wichtiger ist als dein Lebensstandard.

Jesus zeigt ihm sein eigentliches Wesen, seine Würde, die Gnade, die in seinem Leben liegt, den Sinn und die Zielrichtung seines Lebens, und sagt: Wenn du das erkennst, kann ich dich brauchen. Er zeigt ihm das Bild von dem Menschen, der die Herrlichkeit Gottes schaut und darin bei seinem Auftrag und in seinem Glück ist, der auf dem Wege des Verzichtens nicht ärmer, sondern vor allem freier wird.

Fasse das Reich Gottes ins Auge!

Er soll nicht so viel nach seinem Standard und nicht so viel nach seinem Seelenheil fragen, sondern nachfolgen. Das Reich Gottes ins Auge fassen und dafür „etwas Gerechtes tun", wie Jesus an anderer Stelle sagt. Er soll die – zugegeben unentbehrliche – Phase der Diskussionen und des Problematisierens, der unfruchtbaren Selbstspiegelung wie der Übertragung seiner Konflikte auf die Welt hinter sich lassen, alles „verkaufen" und „verschenken", Jesus nachfolgen und das Amt übernehmen, das Gott ihm zugedacht hat.

Die kleine Geschichte von dem jungen Mann endet mit dem knappen Satz: Er ging traurig davon. Was ihm blieb, da er den sanften Luxus seiner Probleme nicht abwerfen konnte, war die Depression. Er ist einer von Millionen. Nicht jeder, der traurig in seine Sackgasse trottet, ist reich. Aber alle sind sie überlastet mit ihrer überbeschäftigten, mit sich selbst befassten Seele. Und alle sind sie unfähig, vor dem heiligen Gott einen Entschluss zu fassen, in dem sie die Freiheit und das Glück finden könnten.

Das Heil liegt in der Umkehr. Es hat sich nichts daran geändert.

Und dann sind da die Jünger, die an das kurze Gespräch Jesu mit dem jungen Mann sofort anschließen: Moment mal! Das, was du dem eben gesagt hast, das haben wir getan. Wir haben auf eine Karriere verzichtet. Wir haben erklärt, öffentlich, dass wir zu dir gehören, und das bringt keinen Vorteil. Wir haben alle unsere Chancen hinter uns gelassen, wir haben uns in die Ecke stellen lassen zu denen, die man nicht voll nimmt, die man mit Misstrauen anschaut, denen man die Bewegungsfreiheit nimmt, die man für Staatsfeinde hält und vieles andere mehr. Was wirst du uns dafür geben?

Und da spricht Jesus seinen großen Gedanken aus, den zentralen, den Gedanken vom Reich Gottes, von dem Reich, in dem Gott Gerechtigkeit schaffen wird und in dem die, denen die Gerechtigkeit auf dieser Erde wichtig war, an der Aufrichtung der Gerechtigkeit beteiligt sein würden.

Tut das Notwendige um des Reiches Gottes und seiner Gerechtigkeit willen.

So sagt er Leuten wie dem jungen Mann: Fasse das Reich Gottes ins Auge und tu, was du tust in seinem Zusammenhang und nach dem Maß der Gerechtigkeit, die es vorschreibt – alles Übrige wird dir zufallen.

Und zu den Jüngern: Macht euch keine Sorgen. Tut das Notwendige um des Reiches Gottes und seiner Gerechtigkeit willen. In voller Freiheit. Ohne Angst um das eigene Sein. Ohne Angst um die eigene Freiheit. Ohne Angst um die eigene Selbstverwirklichung. Was zu verwirklichen ist, ist das Reich Gottes und seine Gerechtigkeit, alles Übrige widerfährt euch nach dem Willen Gottes und hat darin seinen Sinn.

Nehmt den Horizont dieses Reiches in euer Leben herein und lebt in ihm. Alles Übrige, euer Hab und Gut, das ihr hier verlassen habt, wird euch am Ende selbst nicht mehr wichtig sein.

Und ich höre, wie Jesus zu mir sagt: Wenn du einmal angefangen hast, das Reich Gottes zu wollen, dann wird dir sehr klein erscheinen, was dir bis dahin groß und wichtig schien. Und was außerhalb deines Gesichtskreises gelegen hatte, wird unendlich wichtig und groß. Es gibt keinen anderen Weg aus der Sorge. Es gibt keinen anderen Weg aus der Resignation als diese Umkehrung der Dinge.

Da kannst du dann anfangen, ein paar gewohnte Gedanken wegzulegen und andere zu denken, die du noch nicht ausprobiert hast. Da kannst du anfangen, ein wenig sorglos zu werden gegenüber den kleinen Themen des Tages, die so riesig vor dir stehen. Da kannst du die Angst ablegen vor dem, was vielleicht irgendwann Gefährliches auf dich zukommt, von dem du noch nichts siehst, und kannst dich dem Tag zuwenden.

Sorget nicht für den anderen Morgen, sagt Jesus. Ein jeder Tag wird für das Seine sorgen. Es ist genug, dass jeder Tag seine eigene Plage hat.

Und das ist wahr, weil man nicht etwa alles gehen und fallen lässt, sondern weil der Tag seinen guten Platz im großen Spiel des Weltgeschehens hat und weil er seinen Sinn, seine Kraft und seine Notwendigkeit aus einer anderen Hand bekommt als aus der unseren.

Du hast Kräfte. Trau ihnen etwas zu.

Das Reich Gottes kommt, sagt Jesus. Und er sagt ein andermal: Das Reich Gottes ist da, mitten unter euch. Werft euer Herz voraus, und ihr seid mitten im Reich Gottes. Ihr seid auf dem Weg, den ihr ohnedies, mit oder ohne euer Einverständnis gehen werdet: über dieses irdische Dasein hinaus in immer größere Weite und Freiheit. Euer Dasein erhält den Rahmen, in dem allein es sinnvoll sein kann.

Da steht also der junge Mann vor Jesus und hat die Chance seines Lebens vor sich. Er hört Jesus sagen: Ich gebe dir Grund unter deine Füße. Ich gebe dir Raum zum Leben und Atmen. Ich gebe dir Kräfte. Trau ihnen etwas zu. Und dann geh hin, ohne Sorge um dich selbst, und lebe und rede und handle als einer, der im Reich Gottes lebt.

Und da ging der junge Mann traurig davon, denn er hatte viele Güter.

Und heute hören wir dasselbe für uns: Du hast Grund unter den Füßen. Du hast Raum zum Leben und zum Atmen. Du hast Kräfte. Trau ihnen etwas zu. Lebe und rede und handle als einer, der im Reich Gottes lebt.

Du kannst nun für das eintreten, was du als wahr erkannt hast. Du brauchst niemand mehr zu hassen. Du brauchst niemand zu fürchten. Auch nicht dich selbst. Lass die Sorge. Schau die Blumen auf dem Feld und die Vögel unter dem Himmel und fürchte nichts. Du bist in keiner Gefahr. Dein Vater im Himmel weiß. Und das ist genug.

Du kannst auch die politische Arena gelassener betrachten. Du bist nicht besessen von Hass gegen irgendjemanden. Du bist nicht umstellt von Feindbildern. Um dich her ist vielmehr das Reich Gottes. Lass die Sorge um dich selbst und fürchte nichts.

Und von diesem Punkt aus möchte ich noch einmal zurücklenken zu der Geschichte von der Segnung der Kinder. Was geschieht denn, wenn ein Mensch gesegnet wird?

Nehmen wir an: Ein Acker ist trocken. Es liegt Saat in ihm, aber er ist trocken. So wächst nichts. Nun setzt Regen ein, die Saat geht auf und wächst. Der Regen segnet, das heißt: Er hilft, dass etwas aufgeht, dass etwas wächst, dass etwas gedeiht. Wenn Gott seinen Segen über uns ausspricht, dann wächst etwas in uns, es gedeiht etwas, es reift Frucht. Es wächst aus Arbeit und Leid, aus Fröhlichkeit und Stille dir Frucht für dieses Leben und für die Ewigkeit. Der Same springt auf und wird frei, und aus einer Erde, aus der scheinbar nichts zu erwarten war, wächst Vertrauen, wächst Dankbarkeit.

Wenn Segen über einem Leben waltet, hat es Sinn. Es gedeiht. Es wächst. Es wirkt lösend, fördernd, befreiend auf andere. Versuche glücken, Werke gelingen. Die Mühe zehrt das Leben nicht aus, sie ist sinnvoll und bringt ihre Frucht. Am Ende steht nicht die Resignation, sondern eine Ernte. Ein alternder Mensch, dessen Leben gesegnet ist, geht nicht zugrunde, er reift vielmehr, wird klarer und freier und stirbt am Ende „lebenssatt", wie einer von einer guten Mahlzeit aufsteht.

Segen ist ein Geschehen nahe verwandt dem, was wir „Gnade" nennen. Denn man kann Segen nicht machen, man kann ihn nur empfangen und vielleicht auch weitergeben. Aber er entzieht sich aller Planung. Er kommt oder er kommt nicht, wie der Regen über ein Feld kommt oder nicht kommt.

Ob ein Mensch dem begegnet, den er lieben kann, das kann er nicht machen. Es ist Gnade. Und sein Leben wird gesegnet. Alles Begegnen ist Gnade, alles Finden und Zusammenbleiben, alle Bewahrung vor Gefahr und Unheil, aller Friede ist Gnade.

Alles Begegnen ist Gnade, aller Friede ist Gnade.

Ob ein Mensch zu seiner eigenen, eigentlichen Gestalt heranreifen darf, das kann er nicht machen, er darf es aber, wenn es ihm widerfährt, dankbar empfangen. Ob sein Werk gelingt, ob er bewahrt bleibt vor schwerer Verschuldung, das ist Gnade. Und es ist Gnade, wenn die Kräfte des Wachstums, der Lebendigkeit, der schöpferischen Vitalität erwachen. Es ist Zeichen eines Segens, der sozusagen von oben kommt und nicht gewollt und nicht gemacht werden kann.

Und Gnade ist es, wenn Menschen einander einen solchen Segen weiterreichen dürfen, etwa wenn der eine zum anderen sagt: Es segne und behüte dich Gott der Allmächtige und Barmherzige, Vater, Sohn und Heiliger Geist.

Wenn Jesus Kinder segnet, dann sagt er damit: Gott lasse euch wachsen und gedeihen. Er gebe euch Glück. Er mache eure Hoffnungen wahr. Er gebe euch Frieden. Er gebe euch das Wohl des Leibes und das Heil der Seele. Er mache euch zu reifen, erwachsenen Menschen, zu Söhnen und Töchtern Gottes, denen der Sinn und Wert ihres Lebens gewiss ist.

Wenn Jesus die Kinder segnet, dann umarmt er sie und legt ihnen die Hände auf. Geste der Liebe und des Zutrauens in ihre kleine Kraft. Und wenn wir seinen Segen weitergeben wollen, so nehmen wir unser Kind in den Arm und sprechen oder denken: Gott segne dich, mein Kind.

Geht hin in alle Welt und macht zu Jüngern alle Völker.

Damit sagen wir nicht nur etwas Schönes, sondern etwas Wichtiges auch für unsere Beziehung zu ihm. Wichtig ist nicht, was ich über dich denke, über deine Zukunft, über deine Begabungen, darüber, was du werden sollst und wie dein Leben sich abspielen soll. Meine Gedanken und Pläne sind unwichtig. Wichtig allein ist, was Gott in dich hineingelegt hat. Meine Aufgabe kann nur sein, dich so zu schützen, dass unter dem Segen Gottes aufgehen kann, was in dir liegt. Meine Gedanken können nur der Sonnenschein und der Regen sein, die dir den Segen Gottes bringen.

Und wenn mein Kind heranwächst, ist wieder nicht wichtig, was andere Leute von ihm erwarten oder was ich mir unter seinem Wesen und Leben vorstelle, sondern allein, dass der Keim, den Gott in seinen Geist und sein Herz gelegt hat, aufgeht und das Kind bei seinem Eigensten bleibt.

Und wenn wir alt werden, dann ist wiederum nicht wichtig, ob wir unsere Pläne verwirklicht und unsere Ziele erreicht haben, ob die Leistung unseres Lebens sich sehen lassen kann oder nicht, sondern nur, ob der neue Mensch, der im Laufe unseres Lebens in uns wachsen sollte, seine Gestalt erreicht hat. Jener neue Mensch, der immer mehr Christusähnlichkeit gewonnen hat.

Und dabei ist wieder nicht wichtig, ob wir selbst diesen neuen Menschen wahrnehmen, sondern nur, ob er für Gottes Augen sichtbar geworden ist, für Gott, der ihn hat entstehen lassen.

Wissen wir etwas vom Segen Gottes, dann sind wir unseren Kindern gegenüber von größerer Gelassenheit, und wir sind von großer Gelassenheit auch dem Ertrag unseres eigenen Lebens gegenüber. Wir sind es nicht, die ihn hervorbringen mussten, und wir sind es nicht, die beurteilen können, was denn letzten Endes herauskam.

Wir nehmen das Dasein unseres Kindes aus der Hand Gottes und übergeben den Ertrag unseres eigenen Lebens in seine Hand zurück und wissen: Was wert sein wird, zu bleiben, das muss im einen und im anderen Fall immer Gott selbst bewirken. Der Segen Gottes.

Und was am Ende die Jünger betrifft und die Ängstlichkeit, mit der sie nach ihrem Lohn fragen, so ist uns ja erzählt, auch sie habe Jesus einmal gesegnet. Zum Abschied. Ehe er wegging von der Erde. Er hob, so wird erzählt, die Arme und segnete sie. Er hob die Hände mit der Geste eines Menschen, der etwas empfängt und etwas weitergibt, und gibt damit den Jüngern ein Zeichen, was nun ihr Amt und Auftrag sei, Sinn und Erfüllung ihres Daseins.

Sie sollen, nachdem das Gottesreich in ihnen Wurzel geschlagen hat, die Keime des Gottesreiches ausstreuen unter die Menschen, sie sozusagen in die Erde werfen, nicht nur in die Menschen allein, sondern in die Geschichte dieser Erde überhaupt, damit Frucht wachsen kann unter dem Segen, den sie empfangen und weitergeben. Und was sollte am Ende der Reichtum unseres Lebens gewesen sein als dies, dass da eine Frucht gewachsen ist, dass da eine gesegnete Ernte eingebracht wird für das ewige Reich Gottes.

Als Jesus seine Jünger segnete, sagte er ihnen: Geht hin in alle Welt und macht zu Jüngern alle Völker und tauft sie auf den Namen des Vaters und des Sohnes und des Heiligen Geistes und lehrt sie leben nach allem, was ich euch gesagt habe.

Sie aber, so ist erzählt, kehrten nach Jerusalem zurück und rühmten Gott. Und die Frage nach ihrem Lohn dürfte ihnen sehr unwichtig geworden sein.

Ein Mensch, der fähig ist, Gott zu rühmen, mit all seiner Gegenwärtigkeit, seiner Offenheit

und Empfangensbereitschaft, die darin liegt, ist an dem Ziel, das es auf dieser Erde überhaupt zu erreichen gibt. Gott zu rühmen, damit antwortet der Gesegnete auf die Gegenwärtigkeit des segnenden Gottes.

Und nun betrachten wir noch einmal unser Rembrandt-Bild: Da steht in der Mitte Christus. Er steht im schlichten Gewand des galiläischen Wanderpredigers. Er steht Gegnern gegenüber, die uns den Gedanken nahelegen, hier sei eigentlich auch schon das eigene Leiden des Christus vorweggenommen. Und er trägt den Strahlenkranz aus Licht, der sagen will: Hier sei einer, der in der bloßen irdischen Menschlichkeit nicht aufgehe, sondern mehr sei, geheimnisvoll mehr als nur ein Mensch. Wer ist für uns dieser Christus eigentlich? Die Frage ist wichtig, wenn wir auf irgendeine Weise zu den Menschen gehören, die auf unserem Bild versammelt sind.

Der du die Sünde der Welt getragen hast, nimm mir auch die meine ab.

Da ist zunächst und zuerst der einfache Mann aus Galiläa, dessen Spuren ich eine Reihe von Jahren lang in jenem wunderbaren Fleck Erde nachgegangen bin, in dem sonnenüberglühten Land am See von Genezareth, dem ich solange nachgewandert bin, bis ich mir wirklich vorstellen konnte, wie er mit der Gruppe seiner Anhänger von Haus zu Haus, von Dorf zu Dorf ging, redend und schweigend, heilend und fordernd, die Menschen suchend mit der ihm eigenen großen Verbindung von Güte und Klarheit, von Liebe zu den Menschen und Wissen um ihr Elend, wie es unser Bild zeigt. Ich habe mir auf dem schönsten Berg, den ich finden konnte, dem Arbel, den ich als das Herz von Galiläa empfand, seine Reden vorgelesen, nicht nur die Bergpredigt, aber sie besonders, und ich meine, ich hätte erst dort den Anfang gemacht, sie wirklich zu begreifen. Ich fuhr mit den Fischern aus Tiberias und Ginosar zum Fischfang aus und suchte, ihn zu sehen, wie er vom Boot aus redete oder im Sturm über der See fuhr. Ich ging von Trümmerhaufen zu Trümmerhaufen: Beth Saida, Chorazin, Magdala und wie sie alle heißen und stellte mir die Häuser vor und die Menschen, die Armen und die Reichen, die Gesunden und die Kranken, die Dankbaren und die Widerstrebenden und ihn, Jesus, mitten darin. Mit den Menschen umgehen, wie er mit ihnen umging, das war das Maß, das ich fand. Unter den Menschen aushalten, wie er aushielt. Hinter allem Streit und Elend und oberflächlichen Glanz jenes Große schauen, auf das alles hinauslaufen soll: das Reich Gottes, das Reich, der Himmel, das Reich des Vaters. Das konnte einem Menschenleben wie dem meinen Richtung geben, den Sinn, das Stehvermögen und das öffentliche Wort. Denn was er dort gesagt hat, das ist nun das Maß, das gelten muss, wenn einer in den Streit unserer Tage eingreift, wenn er von Glauben redet oder vom Frieden, von Zeit und Ewigkeit und von all den vielen Fragen und Problemen einer so unerhört gefährdeten Menschheit wie der unserer Tage.

Aber Jesus hat – für mich – auch eine zweite Gestalt, und auf ihrer Spur ist, wer durch die Gassen in Jerusalem geht; wer die nächtlichen Ölgärten im Kidrontal aufsucht; den Abendmahlssaal und die Gassen, die zum Ort des Tempels führen und zum Regierungssitz des Pilatus oben am Jaffator, zum Gartentor und zum Hügel Golgatha und wieder hinüber zum Ölberg mit dem Ort, an dem man seines Abschieds gedenkt. Wer dort nach seiner Spur sucht, der hört zwar auch, was er geredet hat, was seine Jünger fragten und die Mächtigen ihm vorhielten, er hört aber vor allem die große Stille, das Schweigen, das in diesen Tagen um ihn, Jesus, her war. Und er ist weniger einer, der seine Worte nachspricht, als vielmehr einer, der versucht, ihm nachzugehen. Er wird sich selbst sehen, sich selbst mitbringen: die Dunkelheit, die um ihn und in ihm ist, das Unvermögen, die Schwachheit, die Bruchstückhaftigkeit seines eigenen, inneren Menschen, die Lieblosigkeit und die Eigensucht, die so schwer in ihm liegen, und wird sie ihm nachtragen mit der Bitte: Der du die Sünde der Welt getragen hast, nimm mir auch die meine ab. Führe mich durch die Schmerzen und das Elend und die Verlassenheit, denen ich so tausendfach in den Menschen begegne und die wohl auch irgendwann mich selber finden werden. Führe mich durch das Missverstehen der Menschen, durch so viel auch von dem Hass, der dich traf und der mich trifft. Führe mich vor allem durch die letzte Nacht in deinen Ostertag, und nimm mich zu dir, vielleicht nicht drüben auf dem Ölberg, wo du zum Vater heimgekehrt bist, aber dort, wo mein Leben zu Ende geht, zu dir und in das Reich, das du den Deinen bereitet hast. Der Jesus auf dem Weg durch die Stationen der Leidensstraße – das ist der Christus, mit dem man seine stillen, inneren Gespräche führt, der vorangehende Meister auf dem Weg zum Leben. Der Meister der Stellvertretung, der uns die Fähigkeit gibt, nun selbst wieder Stellvertreter zu sein, für ihn, für die Menschen, Stellvertreter in beiden Richtungen. Nirgends ist mein Jesus leiser als hier, fast privat, fast des Schutzes und der Verschwiegenheit bedürftig, wenn ich denn durch ihn meinen eigenen Weg finden soll und der werden, den Gott mit mir gemeint hat. Es ist der Jesus, über den man nicht zu jedem spricht und der nun seine Gestalt finden soll in unserer eigenen Seele, bis wir selbst ihm ähnlich werden „in der Gestalt seiner Leiden" und „seiner Herrlichkeit".

Sei wach für die Stunde, in der ich zu dir rede.

Und dieser Jesus redet nicht so sehr von meinem Amt, als vielmehr zunächst von mir selbst. Er sagt: In dir kann noch etwas geschehen. Sei wach für die Stunde, in der ich zu dir rede, und verschlafe nicht den Zeitpunkt, zu dem ich dich aufsuche. Denn das wird nicht beliebig oft sein, bei dir so wenig wie bei dem reichen jungen Mann in unserer Geschichte. In diesen Stunden, in denen ich zu dir rede, entscheidet sich, wer du am Ende sein wirst. Sei wach, denn es kann heute sein oder morgen.

Aber das ist immer noch nicht das Ganze. Jesus hat für mich noch eine dritte Gestalt. Die hängt zusammen mit dem eigentlichen Thema, das mir unablässig nachgegangen ist seit der Zeit, als ich als sehr junger Mensch anfing, mich mit dem Evangelium zu befassen: das Reich Gottes. Das sagt Jesus: Für solche Menschen wie diese Kinder ist das Reich bestimmt. Und zu dem jungen Mann: Du wirst einen Reichtum haben im Reich Gottes. Und zu den Jüngern: Was euch dafür gegeben wird, das werdet ihr sehen, wenn ihr ins Reich Gottes kommt. Was ist das Reich Gottes? Wie kann man es sich vorstellen? Wo findet es

seine Gestalt? Im Himmel oder auf der Erde? Und was soll das Wort überhaupt bedeuten? Im Laufe der Zeit trat für mich das „Reich Gottes" auseinander in eine lange Reihe sehr verschiedener Erscheinungen, und die Gestalt Jesu erschien dabei in einem immer wieder veränderten Licht.

Da ist die Erde und das Weltall, Steine, Pflanzen Tiere, Menschen. Der große Kosmos, den wir die Schöpfung nennen. Alles, was ist und was lebt. Um uns her und in uns selbst. Ist das nicht das Reich Gottes? Das Reich, das Gott geschaffen hat und in dem er wirkt, in dem er ist und aus dem er zu uns redet? Und wenn Paulus sagt: Er, Christus, ist der Erstgeborene der Schöpfung – er ist das Haupt der Schöpfung – es ist alles in ihm und er ist in allem – begegnet mir dann nicht Christus in allen Dingen? Und wenn wir heute die Schöpfung leiden sehen, leiden unter dem Egoismus der Menschen, unter ihrer Gewalttätigkeit und Gedankenlosigkeit, ist dann Christus nicht der Leidende in aller Kreatur? In der Tat, wenn ich heute zusehe, wie die Schöpfung zugrunde geht, dann begegnet mir immer und immer wieder Christus, der Leidende, in seinen geringsten Schwestern und Brüdern, die wir niedertreten und ausrotten. Und wenn ich heute die Eucharistie feiere, Brot und Wein zu mir nehme, die Zeichen der von Gott durchwirkten Erde, dann ist dieser Christus nicht nur der für mich, der das Leiden der Menschen leidet, sondern auch der, in dem das Leiden der Kreatur seine Stimme findet. „Reich Gottes", das ist das Reich Christi in allen geschaffenen Dingen, in ihrem Leben und in ihrem Tod, in ihrer Schönheit und ihrem Elend.

Christus ist der Erstgeborene der Schöpfung. Es ist alles in ihm und er ist in allem.

Aber auch der Kosmos der geschaffenen Dinge ist wieder nur eine Gestalt des Gottesreiches. Die Mystiker der christlichen Geschichte sprachen immer wieder von dem Christus in ihnen selbst. Von dem göttlichen Kind in ihnen. Vom Bräutigam in ihrer Seele. Und immer erscheint auch wieder das Wort vom „inneren Reich Gottes". Da wird dann Jesus zu dem Bruder, dem Meister, dem Arzt, dem Helfer, dem Tröster. Und vielleicht ist es gar nicht wichtig, zu wissen, wie diese Gestalt des inneren Jesus sich unterscheidet von mir selbst. Sagt nicht das Evangelium, wir müssten heranwachsen, bis in uns der erwachsene Christus herangereift sei und wir selbst verwandelt seien in seine Gestalt? Nicht so, als würden wir selbst immer vollkommener, sondern so, dass dort, wo wir selbst am Ende seien, wo die Dunkelheiten einbrechen und die Abbrüche geschehen, wo wir selbst uns fragwürdig werden und uns der Tod aus uns selbst heraus anschaut, das Kind in uns zur Welt kommt, das am Ende der erwachsene Christus sein wird, und wir selbst „Reich Gottes". Christus, das Kind. Wir, die Krippe, der Stall, das Tier, die Anbetenden in einem. Begegnung mit Christus als Spiel mit den Bildern des Evangeliums und den Bildern der eigenen Seele. Und so mag das ganze Bild Rembrandts in uns selbst spielen, in der ganzen Figurenfülle unserer eigenen Seele.

Aber das Gottesreich begegnet mir auch einfach unter den Menschen, in einer Szenerie wie der, die unser Bild uns darstellt, ohne alle tiefere Bedeutung. Ich höre Jesus: Was ihr einem unter meinen geringsten Brüdern tut, das tut ihr mir. Wo also und in welcher Gestalt ist Jesus anzutreffen? Ich sehe, wie die Menschen miteinander leben, wie ich mit ihnen lebe und sie mit mir, und dann scheint mir, Jesus spreche von einem Reich Gottes, das zwischen uns hin und her entstehen soll, gewiss nicht das Reich der vollkommenen irdischen Gerechtigkeit und des vollkommenen Friedens, aber ein Abbild der Gerechtigkeit und des Friedens, die in Gott sind. Und so wird mir das Reich Gottes zu einem sehr handfesten, sehr diesseitigen Modell, an dem ich messe, ob, was zwischen den Menschen und mir selbst geschieht, in seinem Sinne sei, ob er mir bestätigen könne, es geschehe durch mich und durch andere um mich her etwas für das Reich Gottes und seine Gerechtigkeit. Da rückt dann der Glaube sehr handfest in soziale Probleme herein oder in wirtschaftliche oder in politische. Und meine täglichen Aufgaben werden zu einem Material, das ich einsetzen soll dafür, dass vom Reich Gottes auf dieser Erde etwas sichtbar wird. Christus aber ist mitten darin. Und wer nun sagt, die Politik gehe den Christen nichts an, der ist diesem Jesus noch nicht begegnet, der in den Menschen ist, in den Ausgebeuteten, Entrechteten, Bedrohten, Vertriebenen, Gequälten und Gefangenen, den geringsten Brüdern und Schwestern dessen, dem ich nun einmal überall, wohin ich schaue, begegne.

Christus aber ist mitten im Reich Gottes.

Aber nun ist auch von der Zukunft zu reden. Auch das Feld öffentlichen Tuns ist ja noch nicht das ganze „Reich Gottes“ und der hier erscheinende Christus noch nicht der Ganze. Wir dürfen ja mit einiger Nüchternheit annehmen, dass diese Welt, so gewiss sie einen Anfang gehabt hat, auch ein Ende haben wird. Dass, so gewiss Gott am Anfang stand, er am Ende stehen wird. So gewiss eine Schöpfung geschah und geschieht, am Ende nicht das Nichts stehen wird, sondern eine neu geschaffene Welt. Und dazwischen liegt nicht nur eine Evolution, nicht nur eine gradlinige Entwicklung, sondern ein Abbruch. Es liegt an unseren Augen, ob sie in den Krisen dieser Zeit vor allem den Abbruch sehen oder die Anfänge einer neuen Schöpfung. Und es liegt an meinem Glauben, ob ich das Ende aller Dinge als Blackout sehe, als Gericht oder als Erlösung. Je nachdem, ob Jesus für mich tot ist oder lebt.

Wenn ich aber gewiss bin, dass Jesus lebt und ich leben werde, dann ist das Ende der Weltgeschichte für mich ein Anfang von etwas unerhört Neuem, wie mein eigener Tod der Anfang von etwas Neuem ist, auf das ich mit allen Fasern gespannt bin. Dann hat das Dasein für mich eine andere Seite, die ich gerne kennenlernen möchte. Und hier wie dort ist es bestimmt durch die große, liebende Gegenwart des Christus. Dann weiß ich, dass es mit den Verbrechen und mit den Torheiten der Menschen, mit Diktatoren und Folterknechten und mit den Tränen der Gequälten ein Ende nehmen wird und auch ein Ende mit sehr vielem, was mir an mir selbst Mühe macht, und ein Anfang geschieht, der „Reich Gottes" heißt, bewirkt durch den, den ich aus Galiläa und Jerusalem kenne.

Aber auch das ist noch nicht das Ganze. Paulus redet von der äußersten Zukunft mit den Worten: Am Ende, wenn die Welt vergangen sein wird und der Tod nicht mehr sein wird, dann wird auch Jesus Christus das Reich Gott, dem Vater, zurückgeben, auf dass Gott sei alles in allem.

Da hört die Geschichte auf, da hört die Schöpfung auf, da hört die Zeit auf. Da müssen wir einander nichts mehr erklären, und da werden wir erkennen, dass wir es von Anfang an im Grunde immer nur mit Gott zu tun hatten in seinen vielen Gestalten. Auch in Jesus Christus. Und da gehen wir mit Christus zusammen in Gott ein und sind in ihm alles in allem.

Gott atmet aus, und es entsteht eine Welt. Gott atmet ein, und sie vergeht. Er aber bleibt. Und wir sind in ihm. Wir leben hier in einer Welt von Spiegelungen und Täuschungen. Und weil das so ist, darum muss ich von allem, was Wahrheit ist, in Widersprüchen reden oder in Bildern, die sich nicht zu einem einzigen Bild fügen. Darum muss ich auch von Jesus so reden, als wären es drei Jesus oder viele, und weiß doch, dass er der Eine ist.

Wir gehen mit Christus zusammen in Gott ein und sind in ihm alles in allem.

Aber eins bleibt noch. Das Evangelium sagt: Es gibt eine konkrete Gestalt des Christus in dieser Welt. Er hat sozusagen einen „Leib". Das ist die Gemeinschaft derer, die ihn kennen, ihn lieben und ihm nachgehen. Die Gemeinschaft der Heiligen. Die Kirche. Nicht die Organisation „Kirche", nicht der Bau „Kirche". Nicht das Gedankenkonstrukt „Kirche". Sondern die Gemeinschaft derer, die mit ihm unterwegs sind. Und diese Gemeinschaft hat als das Ende der Geschichte nicht einen dunklen Abgrund vor Augen, sondern ein vertrautes Gesicht.

Wir werden Gott begegnen, Gott aber wird nicht eine unbekannte, bedrohende Macht sein, er wird das Gesicht tragen, das wir kennen, das Gesicht des Meisters von Nazareth, wie er unter den Armen und Elenden seiner Zeit gelebt hat. Und das will Rembrandt sagen, wenn er ihm den feinen Kranz aus Lichtstrahlen ums Haupt legt.

Und ihn lassen Sie uns vor Augen behalten, ob uns nun das gesegnete Kind, der ratlose junge Mann oder der ängstliche Jünger in uns selbst am nächsten liegt.

Was aber Jesus Christus für die Kinder damals getan hat und später für seine Jünger, das sollen und dürfen wir füreinander tun. Einander den Segen Gottes zusprechen.
Die Worte, die wir gebrauchen, wenn wir einander segnen, sind uralt, und manchmal scheint mir, hr Sinn könne sich uns heutigen Menschen nur schwer erschließen.
Lassen Sie mich also schließen mit dem sogenannten Segen des Aaron, so, dass ich jeder Zeile ein paar Worte beigebe, die ihren Sinn erschließen wollen.
Er lautet:

Der Herr segne dich und behüte dich.
Der Herr lasse sein Angesicht leuchten über dir
und sei dir gnädig.
Der Herr erhebe sein Angesicht auf dich
und gebe dir Frieden.
Der Herr,
der Ursprung und Vollender alles Lebens segne dich,
er gebe dir Gedeihen und Wachstum,
Gelingen deinen Hoffnungen,
Frucht deiner Mühe.
Und behüte dich vor allem Argen,
er sei dir Schutz in Gefahr und Zuflucht in Angst.
Der Herr lasse leuchten sein Angesicht über dir,
wie die Sonne über der Erde
das Erstarrte wärmt und löst
und das Lebendige weckt in allen Dingen,
und sei dir gnädig,
wenn du schuldig bist.
Er löse dich von allem Bösen
und mache dich frei.
Der Herr erhebe sein Angesicht auf dich.
Er schaue dich freundlich an.
Er sehe dein Leid und höre deine Stimme,
er heile und tröste dich,
und gebe dir Frieden,
das Wohl des Leibes,
Wohl und Heil der Seele,
Liebe und Glück und führe dich an dein Ziel.
Amen.
Das heißt: So will es der lebendige Gott,
so steht es fest nach seinem Willen, für dich.

nach 4 Mos 6,24-26

6

Du bist freier, als du denkst

Jesus wandte sich an Simon: „Fahrt auf den See hinaus,
wo es tief ist, und werft eure Netze aus.“ „Meister“,
antwortete Simon, „die ganze Nacht haben wir gearbeitet
und nichts gefangen, aber wenn du es sagst, will ich noch
einmal auswerfen.“ Sie taten es und fingen eine gewaltige
Menge Fische, so dass die Netze dabei anfingen zu reißen.
Da wandte sich Jesus an Simon: „Erschrick nicht!
Von jetzt an wirst du Menschen sammeln.“

Lk 5,4-6.10b

Es ist die Geschichte eines Versuchs. Da hört einer zu, dann tut er etwas Unvernünftiges, dann macht er eine Erfahrung, und schließlich setzt er sein ganzes Leben und seine berufliche Existenz auf das, was er da erfahren hat. Er wird berufen, lässt alles liegen und geht auf einen Weg, von dem er noch nicht weiß, wohin er ihn führen wird.
Wenn Jesus einen Menschen so rief, dann lag darin nicht nur ein Befehl, es lag auch eine Befreiung darin. Er sagte gleichsam so: Du bist freier, als du denkst. Du kannst umkehren. Du kannst einen neuen Anfang machen. Du kannst Gewohnheiten ändern. Überzeugungen überprüfen. Du kannst dich ändern, wenn du willst, auch wenn es dir schwerfällt. Du bist nicht festgelegt. In dem Augenblick, da dich ein Ruf trifft, hast du die Chance, frei zu sein.

Sorge dich nicht, was du antworten sollst. Wer der Wahrheit dient, hat auch das Wort.

Nicht festgelegt, Jesus? Auch nicht durch meine Pflicht? Nein. Auch nicht durch meine Familie? Nein. Auch nicht durch meine Erbmasse? Nein. Auch nicht durch mein Milieu? Nein. Auch nicht durch meine seelischen Schwierigkeiten? Nein. In dem Augenblick, da du einen Ruf aufnimmst, bist du frei.
Und mancher stand auf und ging mit. Zöllner ließen ihre Kassen stehen, Aufständische ihre Waffen liegen, Fischer ihre Boote. Aber was soll ich jetzt tun?, mag er gefragt haben.
Du sollst den Menschen das ganz andere, das Neue, das Kommende zeigen, das Reich Gottes, und sie frei machen, wie du frei bist. Du brauchst keine Waffe. Kein Gepäck. Kein Geld. Nur dein Wort. Du gehst durch eine schmale Tür und kannst nicht viel mitnehmen. Du gehst einen schmalen Weg, aber du gehst ihn als freier Mensch mit weitem Herzen. Das wird vielen nicht gefallen. Du gehst wehrlos unter die Wölfe. Wenn Schafe allein sind, lecken sich die Wölfe das Maul. Du wirst einsam sein. Man wird dich belächeln. Ablehnung, Naserümpfen, Schulterzucken. Dann geh weiter und sieh auf mich. Es wird dir nicht besser gehen als mir. Mich nennen sie einen Verrückten. Dich werden sie einen Dummkopf nennen. Mich nennen sie einen Teufel, vielleicht wirst du in ihren Augen ein Verbrecher sein.
Aber fürchte dich nicht. Sie können deine Seele nicht antasten. Ein Sperling ist ohne Marktwert. Aber keiner fällt zur Erde, wenn sein Vater im Himmel nicht will. Man wird dich zur Rede stellen: Was soll der Unsinn? Aber dann sorge dich nicht, was du antworten sollst. Wer der Wahrheit dient, hat auch das Wort.
Aber dann kann es sein, dass du auch als ein berufener Mitarbeiter Gottes deine langen Nächte erlebst, in denen nichts geschieht. In denen kein Ertrag deiner Arbeit sichtbar ist – und selbst die Mühe, die du an deine eigene Seele wendest, vergeblich bleibt.
Dann sagst du: Nun bin ich dir nachgefolgt, ich habe nach deinem Wort getan, aber ich mühe mich so vergeblich wie vorher, und ich selbst bin kein besserer Mensch dabei gewor-

den. Die ganze Nacht einer langen Mühsal bin ich unterwegs gewesen, und nichts bliebe mir in der Hand.

Dann gilt noch einmal: Dass dieser Mann Petrus zuhört, dass er das Wort aufgreift: Fahre hinaus! Dass er hinausfährt und nicht müde wird, und dass er den anderen, die den Mut verlieren, dasselbe zuspricht, was er selbst gehört hat: Fahre hinaus, frage nicht nach Beweisen. Du kannst nichts Besseres tun, als auf dieses Wort dein Leben zu setzen.

Und du wirst am Ende den Ertrag sehen, der deinen Augen auf dieser Erde verborgen geblieben war: Menschen, die durch dich anfingen zu hören, die durch dich Jasagen lernten zu ihrem Geschick, Menschen, die durch dich oder auf andere Weise jenen Mann wahrnahmen, der da am Ufer stand, und die nun die Richtung wissen, in der sie gehen sollen.

Und Petrus zog das Netz und erschrak. Und das Problem war nicht mehr: arbeite ich vergeblich, sondern: Bin ich es wert, dass Gott mich so segnet? Mir den Sinn meines Daseins so vor Augen führt?

Vincent van Gogh, der Maler, schreibt einmal über die Geschichte vom wunderbaren Fischzug des Petrus und im Blick auf die immer und immer wieder wiederholten Bemühungen der Menschen, auf das Wort Jesu hin etwas zu tun, Folgendes:

Es ist richtig, bei dem Glauben zu bleiben,
dass alles wunderbar ist, weit mehr,
als man begreifen kann;
denn das ist die Wahrheit,
und es ist gut,
feinfühlig, bescheiden und zart von Herzen zu sein,
es ist schön, voller Wissen zu sein
in den Dingen, die verborgen sind
vor den Weisen und Verständigen dieser Welt.
Und der Mensch tut wohl daran,
wenn er nicht mit weniger zufrieden ist
und sich nicht zu Hause fühlt,
solange er das nicht errungen hat,
mit allen, die mehr
gesucht und gearbeitet
und mehr geliebt haben

als die anderen,
alle, die auf die hohe See des Lebens
hinausgesteuert sind.

Hinaussteuern auf das hohe Meer, das müssen auch wir tun, wollen wir etwas fangen, und wenn es manchmal geschieht, dass wir die ganze Nacht gearbeitet haben und nichts erreichen, dann ist es gut, doch nicht aufzugeben, sondern in der Morgenstunde nochmals das Netz auszuwerfen.

Nimm alle Hast von mir.
Die Unruhe meiner Gedanken
und das Hin und Her in meinem Herzen.
Ich möchte dir stillhalten.
dir, der so nahe ist.

Ich lasse mich dir, Herr, und bitte dich:
Mach ein Ende aller Unrast.

Meinen Willen lasse ich dir.
Ich glaube nicht mehr,
dass ich selbst verantworten kann,
was ich tue und was durch mich geschieht.
Führe du mich und zeige mir deinen Willen.

Meine Gedanken lasse ich dir.
Ich glaube nicht mehr, dass ich so klug bin,
mich selbst zu verstehen,
die Menschen oder die Welt.
Lehre mich deine Gedanken denken.

Meine Pläne lasse ich dir.
Ich glaube nicht mehr,
dass mein Leben seinen Sinn findet
in dem, was ich erreiche von meinen Plänen.
Ich vertraue mich deinem Plan an,
denn du kennst mich.

Ich lasse mich dir.

Dir, Herr, lasse ich meine Sorgen
um die Menschen, die ich liebe.

Ich glaube nicht mehr,
dass ich mit meinen Sorgen irgendetwas bessere.
Das liegt allein bei dir. Wozu soll ich mich sorgen?

Die Angst vor der Übermacht der anderen lasse ich dir.
Du warst wehrlos zwischen den Mächtigen.
Die Mächtigen sind untergegangen. Du lebst.

Meine Furcht vor meinem eigenen Versagen lasse ich dir.
Ich brauche kein erfolgreicher Mensch zu sein,
wenn ich ein gesegneter Mensch sein soll.

Alle ungelösten Fragen lasse ich dir.
Ich gebe es auf,
gegen verschlossene Türen zu rennen,
und warte auf dich. Du wirst sie öffnen.

Ich lasse mich dir. Ich gehöre dir, Herr.
Du hast mich in deiner guten Hand.

7

Licht gerade im Dunkeln

Und Gott sprach zu Mose:
„Haue dir zwei steinerne Tafeln zu, wie die ersten waren,
ich will darauf dieselben Worte schreiben,
die auf den ersten Tafeln standen, welche du zertrümmert hast.
Halte dich für den kommenden Morgen bereit,
steige auf den Berg Sinai und tritt vor mich auf den Gipfel."

2 Mos 34,1-2

Im zweiten Buch Mose wird erzählt, wie Mose auf der Wanderung der Söhne Israels den Berg besteigt und Gott bittet, er möge sich ihm zeigen. Und Gott sagt zu ihm: Es ist ein Platz bei mir, da kannst du auf dem Felsen stehen, aber du wirst mich nicht schauen. Da hört Mose im 34. Kapitel des zweiten Mose-Buchs, wie ihm Gott sagt: Nimm zwei steinerne Tafeln, damit ich die Worte meines Gesetzes darauf schreibe. Und Mose haut sich zwei Tafeln zurecht und steigt auf den Berg Gottes und nimmt die Weisungen entgegen, die für sein Volk auf seiner Wanderung gelten sollen und die wir die zehn Gebote nennen.

Der Mensch hat es mit Gott auf allen Ebenen seines Lebens und seines Denkens zu tun.

Und von da an standen diese zehn Weisungen den Menschen im Tal vor Augen. Jeden Tag ihrer Wanderung und jeden Tag seither, ob sie unterwegs waren oder sesshaft, ob sie in ruhigen oder in schrecklichen Zeiten lebten. Und wenn wir fragen, was für die Kirche auf ihrem Weg durch die Geschichte und auch durch diese Jahre gelte, so fällt unser Auge zuerst immer wieder auf dieses Gesetz, auf diese Ordnung, die zwischen Gott und den Menschen gelten soll, und für die Gemeinschaft der Menschen untereinander gültig ist seit unvordenklichen Zeiten. Aber gilt sie denn wirklich bis heute?

Sie haben irgendwann in Ihrer Kindheit den Katechismus gelernt. Und Sie erinnern sich vielleicht daran, dass es da zu jedem der zehn Gebote eine kurze Erklärung gab. Da lautet das erste der zehn Gebote: Ich bin der Herr, dein Gott, du sollst keine anderen Götter neben mir haben. Und Luther erklärt das mit dem Satz: Wir sollen Gott über alle Dinge fürchten, lieben und ihm vertrauen. Und vielleicht haben Sie sich inzwischen gefragt, was man heute eigentlich mit so einem alten Erbstück der Christenheit anfangen könne.

Man könnte ja recht unberührt die Gegenfragen stellen: Wer sagt das? „Ich bin der Herr, dein Gott“? Sagt das Gott? Und was heißt das: der Herr? Und wer sind die anderen Götter? Wenn es doch nur einen Gott gibt, wieso redet man dann von anderen Göttern?
Man könnte auch fragen: Was geht uns Christen ein Gebot an, das mehr als tausend Jahre vor Christus gegeben worden ist und vielleicht durch ihn überholt wurde wie vieles aus dem Alten Testament?
Außerdem: Da sagt einer: Ich bin der Herr, dein Gott – und vielleicht hat sich das Bild Gottes für uns Christen seitdem geändert? Wer ist das denn, der hier spricht?

Denn das ist ja deutlich: Diese 10 Gebote, die wir bedenken sollen, schärfte Mose um 1200 vor Christus im Namen Gottes den Menschen seines Volkes ein in einer gänzlich anderen Bewusstseinslage und auf einer ganz anderen geistigen Entwicklungsstufe, als es die unseren sind. Man war damals überzeugt, es gebe viele Götter. Auch Mose ging davon aus. Und es war für ihn durchaus realistisch zu fordern: Diese anderen Götter sollt ihr nicht verehren. Zu seiner Zeit war der Glaube Israels noch kein Monotheismus. Erst 700 Jahre später war das jüdische Volk so weit, dass es sagen konnte: Es ist unsinnig, von vielen Göttern zu reden. Es ist nur ein Gott.

Die zehn Gebote scheinen ja unser Verhältnis zu Gott einzugrenzen auf moralische Forderungen und moralischen Gehorsam. Aber das täuscht. Der Mensch hat es mit Gott auf allen Ebenen seines Lebens und seines Denkens zu tun. Dieses eine klare Du, das er Gott nennt, steht ihm gegenüber, wann immer er anfängt, seine Welt zu deuten, mit seiner Welt umzugehen, technische Fantasie und politischen Willen einzubringen.
„Ich glaube an Gott, den Vater, den Allmächtigen, den Schöpfer des Himmels und der Erde", – das können viele heute noch mitsprechen, die dem Glauben der Christen im Übrigen nicht mehr viel abgewinnen. Aber die Frage ist doch auch hier offen: Wer ist das – dieser Vater, dieser Schöpfer des Himmels und der Erde? Irgendjemand muss sich doch wohl diese Welt ausgedacht haben, sie ersonnen, sie gestaltet, das ist leicht zu vermuten. Aber wer soll das sein?

Die Menschen der Bibel lebten in einer Welt, in der es über die Entstehung von Himmel und Erde mythische Erzählungen gab. Da wälzt sich ein Urdrache in der lichtlosen Finsternis, dann kommt ein göttlicher Held, kämpft gegen den Drachen, zerteilt ihn und baut aus seinem Leib die Welt.

Nein, sagen die Leute der Bibel, Gott hat es nicht nötig, wegen irgendetwas zu kämpfen. Gott ist souverän. Und sie erzählen ihre Schöpfungsgeschichte. Da spricht Gott – und es geschieht. Da sagt er ein Wort, und die Dinge stehen im Raum. Fast technisch wird es beschrieben: Da „macht" Gott eine Schale, halbkugelförmig, und wölbt sie über die Erde. Da macht er Lampen und hängt sie an die Decke der Welt, die Sonne, den Mond und die Sterne. Gott ist fast so etwas wie der große Techniker. Der baut eine sinnvoll geordnete Welt und schafft die Gesetze, die Stoffe, die Kräfte, die in dieser Welt wirksam sind, und er setzt am Ende den Menschen hinein, der fähig ist, mit den Gesetzen und Kräften selbst schöpferisch umzugehen, und sagt ihm: Ich bin der Herr, dein Gott. Nimm die Verantwortung wahr.

Ich bin der Herr, dein Gott. Nimm die Verantwortung wahr.

Man hat schon gesagt, nach heutiger Einsicht in die Schöpfung müsste man eigentlich von Gott als einem „Mathematiker" sprechen. Vielleicht ist das richtig. Aber dann müsste man auch von einem Physiker sprechen, von einem Chemiker, einem Biologen, einem Psychologen, jedenfalls von dem Urheber, dem Erfinder alles dessen, was der Mensch nachträglich mit Mühe zu unterscheiden, zu erkennen, zu entziffern sucht. Und vielleicht scheitern wir Heutigen mit unserem Glauben an den Schöpfer nur deshalb, weil wir ihn insgeheim nach Kindermanier als den Großvater auf dem fernen himmlischen Stuhl denken, statt mitten in den Kräften, Stoffen und Gesetzen dieser Welt wirksam.

An einigen Stellen des Alten Testaments begegnen wir jener Art des religiösen Nachdenkens, die „Weisheit" genannt wird. Weisheit ist die Kunst, mit dem Leben praktisch zurechtzukommen. Sie beruht auf der festen Überzeugung, in den Dingen, in den Abläufen des Lebens walte eine geheime Ordnung; es sei lebensnotwendig, diese Ordnung zu erkennen, ein Weg zu dieser Erkenntnis aber sei die negative Erfahrung, die sich sofort einstelle, wenn ein Mensch die Ordnung dieser Welt missachte. Es gelte also, geduldig und unbeirrbar nach Gesetzen zu forschen, die für die Welt, für das Leben von Pflanzen und Tieren, für den Lauf des Jahres oder für das Menschenleben gelten.

Man war überzeugt, dass das Leben gerecht sei, dass man ihm nur lange genug zuschauen müsse, um auf seinen Grund zu kommen, dass man nur warten und ohne Vorurteil zu beobachten brauche. Gott hat, so war man überzeugt, in die Welt, als er sie schuf, seine Weisheit hineingelegt und den Menschen berufen, seinen Spuren nachzuforschen. Am

Ende wird der Mensch ihm begegnen und begreifen, was das heißt: Ich bin der Herr, dein Gott.

Wir heutigen Menschen könnten anfangen, uns in der heutigen Welt zurechtzufinden, begriffen wir, dass es in ihr keine natürliche Ordnung gibt, die nicht von Gott ist, und jedes Gesetz, das ein Mensch entdeckt, letzten Endes ein Gesetz Gottes ist. Unsere Welt könnte wieder aus einem Stück sein, und wir brauchten nicht zerspalten zu leben zwischen Wissen und Glauben, technischer Umwelt und Gottesdienst. Zwischen den vielen Göttern, die wir selbst produzieren, und dem einen Gott.

Denn die Bibel sagt in einer tiefsinnigen Andeutung, Gott habe den Menschen „ihm zum Bilde" geschaffen. Das heißt nicht: Der Mensch sehe nun aus, wie Gott aussieht. Aber es heißt: Was wir über Gott sagen, das sagen wir auch von uns. In den Bildern von Gott zeichnet die Bibel zugleich uns Menschen und unsere Bestimmung. Das Bild Gottes, der Mensch, vertritt Gott auf dieser Erde, er macht sich die Erde untertan, aber nicht, um sie auszubeuten oder zu zerstören, sondern um sie, wie die Bibel sagt, zu bauen und zu bewahren.

Das heißt: Wer ich selbst, der Mensch, bin, das entscheidet sich daran, ob es für mich dieses große Gegenüber gibt, das sagt: Ich bin der Herr, dein Gott.

Aber nun ist die Sache doch wieder nicht ganz so einfach. Denn es ist ja nicht so, dass es in unserem Dasein nur Gott, die natürliche Welt und uns gäbe. Da sind doch Kräfte und Gewalten und Wirkungen, die so einfach nicht einzuordnen sind. Was ist denn das Böse und worin besteht seine Macht? Was ist denn das Unheimliche, das wir empfinden? Was ist das, was Jesus die Macht der Finsternis nennt? Sind da nicht neben Gott auch noch ganz andere Mächte am Werk? Und wie stellen wir uns zu ihnen? Hat nun Gott einen Widersacher oder ist Gott souverän? Wenn wir unsere Welt ansehen, haben wir eher den Eindruck, es gebe da einen oder viele andere und sehr dunkle Götter neben ihm.

Was wir über Gott sagen, das sagen wir auch von uns.

Wir stehen also vor der Wahl, entweder zu sagen: Diese Welt ist eine große Einheit, oder zu sagen: Diese Welt besteht aus mindestens zwei gegensätzlichen Kräften, der geistigen und der materiellen, der guten und der bösen, aus Licht und Finsternis. Man nennt die erste die monistische Weltsicht, die zweite die dualistische.

Nehmen Sie an, Sie denken sich die Welt als große Einheit. Dann haben Sie wieder zwei Möglichkeiten: Sie denken sich diese eine einheitliche Welt mit Gott oder ohne Gott. Mit Gott: Dann gibt es nichts, was außerhalb Gottes wäre. Alles ist in Gott, und ich selbst lebe, wie jedes andere Wesen, in Gott. Ohne Gott: Dann gibt es eben keinen Gott. Für Gott ist

kein Raum, er verliert sich im Nichts. Und ich selbst mache denselben Prozess durch: Ich bin dann eben ein Stäubchen im All, um das sich keiner kümmert. Mit dem Du Gottes verschwindet auch mein Ich im Nichts.

Du stehst auf der Seite des Guten.

Nehmen Sie an, Sie denken sich die Welt gespalten in zwei Bereiche. Dann wird für Sie Gott immer nur auf der einen Seite sein und nie das Ganze bestimmen. Neben ihm werden sich andere Mächte etablieren, und diesen anderen Mächten wird Ihre halbe Aufmerksamkeit gelten müssen. Sie haben dann für Ihre Seele einen Gott, für Ihr äußeres Leben aber einen technischen Naturmechanismus, der seine eigenen Gesetze hat. Oder Sie werden einen guten Vater im Himmel kennen, der aber wenig bewirkt, und neben ihm einen dämonischen Willen, der schuld ist an Leid, Unheil, Tod und Unrecht. Dann wird Gott für Sie in der Ferne sein, in der Nähe aber eine Gegenmacht, mit der Sie sich ja dann irgendwie arrangieren müssen. Die Welt wird dann gespalten sein in einen Gott des Glaubens und die sogenannte Wirklichkeit,

zwischen dem Gott der Liebe und Ihrer politischen Nüchternheit, in der Sie mit allen Bosheiten dieser Welt rechnen müssen. Zwischen Liebe und Gewalt, zwischen Ihrem guten Willen und den sogenannten Sachzwängen. Sie werden sich als Christ verstehen, sobald Sie aber wirtschaftlich oder politisch handeln müssen, so handeln, als gäbe es keinen Gott.

Nun ist kein Zweifel daran, dass das Volk des Alten Testaments seine Welt gespalten gedacht hat. Da ist Gott – und dort sind die übrigen Götter. Da ist Gott – und dort sind die Sachzwänge des politischen Geschäfts. Und so gilt: Ich bin der Herr, dein Gott, und du sollst die anderen Götter neben mir – wie immer du sie bezeichnen willst – nicht zum Maßstab deines Handelns machen. Sie fordern dich – und du sollst dich ihnen verweigern. Du stehst auf der Seite des Rechts und sollst das Unrecht bekämpfen. Du stehst auf der Seite der Wahrheit und sollst gegen die Lüge streiten. Du stehst auf der Seite des Guten und sollst gegen das Böse antreten. Du stehst auf der Seite des Lichts gegen die Finsternis. Du kämpfst für das Gute, indem du dich vom Bösen fernhältst von allen Menschen auch, die böse sind. Du kämpfst für das Reine, indem du dich fernhältst von allem Unreinen. Du kämpfst für Gott, indem du dich von allem fernhältst, was nur aus dieser Welt ist.

Du stehst auf der Seite des Lichts gegen die Finsternis.

Nun gab es aber schon im Alten Testament einen ganz anderen Ansatz. In der Zeit zwischen Mose und Jesus begann man, ganz neue Gedanken zu fassen. Im 5. Jahrhundert begann man im Judentum zu erkennen: Es ist nur ein Gott – und was wir für Götter halten, das sind in Wahrheit Nichtse. Die anderen „Götter" bestehen nur in der Macht, die wir ihnen einräumen. Sie sind künstlich. Dann aber lautet das erste Gebot: Ich bin der Herr, dein Gott, es ist keiner außer mir. Und du sollst nun nicht deine eigenen, künstlichen Götter produzieren. Deine Götter, das sind dein Besitz, deine Interessen, deine Ängste und deine Feindbilder, jedenfalls all das, von dem du dich beherrschen und bestimmen lässt. Alles ist aus Gott, auch das Dunkle, Böse, das Elend, auch der Tod ist aus Gott. Die Welt ist ein Ganzes, und sie ist in Gott.

Von da an haben die beiden gegensätzlichen Vorstellungen nebeneinander auch in die christliche Überlieferung hineingewirkt: Die einen sehen sich seitdem als Kämpfer für das Licht gegen die Finsternis, als Kämpfer für die Wahrheit gegen den Irrtum, für den Glauben gegen den Unglauben. Die anderen sehen sich eingebunden in eine Existenz, in der beides immer zugleich ist, das Licht und die Finsternis, das Recht und das Unrecht, der Glaube und der Unglaube – und sehnen sich nach Erlösung. Sie sehen, es bringt nichts, gegen die Finsternis zu kämpfen, wenn wir selbst die Finsternis überall dorthin bringen, wo wir für das Licht kämpfen.

Und so bringt man es auch nur sehr schwer zusammen, dass im Evangelium beides gesagt ist: „Also hat Gott die Welt geliebt“ – und: „Habt nicht lieb die Welt“. Viel, was an Meinungsverschiedenheiten unter Christen seit 2000 Jahren durchgestritten worden ist, hatte diese beiden sehr grundsätzlichen Einschätzungen dieser Welt zur Ursache. Aber mir scheint, weder die eine noch die andere Auffassung könne als die ganze gelten. Es ist nicht so – und es ist auch nicht so. Der Fehler ist, dass wir immer sagen: So ist es, statt zu sehen, dass es vielleicht eine Bewegung vom einen zum anderen gibt, die wir mitvollziehen sollen, um von einer Wahrheit zur anderen fortzuschreiten.

Die Welt ist für uns Menschen das, was wir ihr entgegenbringen.

Die Welt ist für uns Menschen das, was wir ihr entgegenbringen. Sie ist nichts Unveränderliches. In ihr spiegelt sich, was wir selbst sind. Darum ist die Wahrheit immer ein Vorgang, ein Prozess.

Wir können uns das an unserer eigenen Lebensgeschichte deutlich machen. Denn alles, was wir über Gott und die Welt denken oder sagen, spiegelt sich in der Geschichte unseres eigenen Lebens, in der Geschichte unserer Seele. Das heranwachsende Kind, der junge Mensch geht solange in seiner Umwelt auf, bis er sein eigenes Ich entdeckt. Bis er entdeckt, wer er selbst ist, und bis er die Kraft findet, seiner Umwelt dieses sein eigenes Ich entgegenzuhalten. Er sieht andere Menschen und stellt sich ihnen gegenüber, und in diesem Gegenüber erkennt er, dass er selbst anders und etwas Eigenes ist. Solange die Menschheit dualistisch denkt, geht es um diesen Prozess der Ich-Findung und der Ich-Werdung. Da sieht der Mensch das Gegenüber eines Gottes, das klare Gegenüber, das ihn fordert und bestimmt. Im selben Vorgang erkennt er, wer er selbst ist: das Gegenüber zu Gott. Das Du, das Gott anspricht, indem er sagt: „Ich bin der Herr, dein Gott“, wird zum Ich.

Gott steht vor dem Menschen, und der Mensch lernt, aufrecht zu stehen und dieses Gegenüber auszuhalten. Und wer niemals ein solches Gegenüber erlebt hat, wird schwerlich selbstgewiss auf seinen eigenen Beinen stehen.

Es scheint mir sehr bezeichnend: Pädagogen haben sich bemüht, alle Arten von Autoritäten abzubauen. Und heute klagen Psychologen darüber, es wachse eine junge Generation heran, die auf eine bemerkenswerte Weise an einer Schwäche des Ich-Bewusstseins leide. Und dies beides hängt zusammen.

Hat der Mensch aber sein Ich gefunden, und das heißt auch: seine Bestimmung, dann hat er den zweiten Schritt zu tun, nämlich den, sich aus dem harten Gegenüber zu Gott und seiner Umwelt zu lösen, sich der Welt zuzuwenden und Gott wiederzufinden als den, der in allen Dingen ist. Der um ihn her ist, nicht nur ihm gegenüber, der ihn umgibt, ihn trägt und in dem er sich geborgen wissen darf.

Wenn wir die Lebensgeschichte Jesu betrachten, finden wir dasselbe, denselben Prozess, dieselbe Wendung. Seine Lebensarbeit, seine öffentliche Wirksamkeit beginnt mit der seltsamen Versuchung durch den Teufel. Sie beginnt so, dass Jesus einsam in der Wüste steht, dem Teufel gegenüber, und sich dort, ebenso einsam, zu dem einen Gott bekennt, neben dem es für ihn keine Autorität gibt, die auf seinen Gehorsam Anspruch hätte. Wer Ja sagen will, muss auch klar Nein sagen. Wer Ja sagt zu Gott, muss fähig sein, allem, was an Gottes Stelle treten will, ein schlichtes Nein entgegenzusprechen. Jesus begann in einer Welt, die geteilt war zwischen Gott und der Finsternis, und er sprach sein kämpferisches Bekenntnis gegen die Finsternis und für den einen Gott.

Wer Ja sagen will, muss auch klar Nein sagen.

Aber dann, und das ist schlechterdings entscheidend, dann tut Jesus einen zweiten Schritt. Dann geht er hin und macht sich mit allem gemein, das es gibt an menschlicher Verwirrtheit, an Krankheit und Schwäche des Leibes und der Seele. Dann geht er auf all das zu, von dem er sich als frommer Jude eigentlich hätte fernhalten müssen. Er machte gerade die kämpferische Einseitigkeit nicht mit, von der das Judentum seinerzeit bestimmt war. Er sah sich nicht als den Frommen im Kampf gegen die Gottlosen. Er sah sich nicht als den Reinen im Abstand zu den Unreinen.

Er ging vielmehr auf beide zu in dem Bewusstsein, in seinem Vater geborgen zu sein, und nahm Verbindung mit ihnen auf. Er floh nicht vor dem Bösen, aber er bekämpfte es auch nicht. Er erlöste es vielmehr dadurch, dass er sich ihm zuwandte.

Er stand für die Wahrheit. Aber blieb nicht im Abstand, den diese Position ihm hätte vorschreiben können. Sondern ging auf die von Enttäuschung und Hass bestimmte Menschenwelt zu und lud sie alle an seinen Tisch. Die Gottlosen, die Betrüger, die Kranken und Gestörten und Disqualifizierten. Das bedeutet: Für ihn ging die Gegenwart Gottes auch nicht dort verloren, wo alle bösen Mächte am Werk waren, auch nicht dort, wo die Finsternis regierte.

Für ihn war bei allem klaren Wissen um die Macht des Bösen die Welt eine, sie war die Welt des Vaters im Himmel. Er kannte die Mächte, die das Menschenherz im Griff hatten, und doch war Gott für ihn alles in allem.

Und noch eine dritte Beobachtung: Wenn Jesus Menschen in seine Nachfolge berief, forderte er von ihnen dieselben beiden Schritte, denselben Prozess.

Lass hinter dir, was immer dich beherrschen will.

Jesus war ja keineswegs das sanfte Gemüt, das man aus ihm gemacht hat. Was er tat, hatte seine klare Kontur. Was er sagte, war eindeutig bis zur Härte, und auch als der Liebende war und blieb er der, der von den Seinen diese Entscheidung forderte, das Ja selbständiger und entschlossener Menschen, die wussten, worauf sie sich einließen.

Folge mir nach, das hieß aus dem Munde Jesu: Lass hinter dir, was immer dich beherrschen will, deinen Beruf, deine Familie, deine Laufbahn, deine Sorgen, deine Angst, deine Träume. Wach auf. Steh auf. Komm. Sein Anruf war ein Ruf zur Selbständigkeit eines ichstarken Menschen, der weiß, wozu er da ist, und der im Gegenüber zu seinem Meister begriffen hat, was er tun und was er im Namen Gottes mit sich anfangen soll.

Einer ist euer Meister, sagt Jesus, und fordert damit nicht weniger als der Gott des Alten Testaments: Ich bin der Herr, dein Gott. Im Alten Testament tritt dem fordernden Gott das Ich des Menschen gegenüber etwa mit dem Wort: Ich bin dein Knecht. Ich bin deiner Magd Sohn. Im Neuen Testament tritt dem Meister der Jünger gegenüber, der Nachfolger, der sagt: Hier bin ich, ich will dir folgen, wohin immer du gehst.

Was zwischen dem Alten und dem Neuen Testament geschieht, das ist, wie wir zu sagen pflegen, dies, dass Gott in Christus Mensch wird. Dies, dass Gott herabkommt und in Christus wahrnehmbar wird, dass Gott sozusagen brüderlich wird, von da an aber ist kein Mensch mehr, der ein Feind wäre, denn Gott ist kein Feind. Kein Mensch, in dem uns nicht Gott entgegenkäme. Kein Mensch, der nicht geliebt werden könnte.

Jesus drückt das so aus: Ihr wisst, dass euren Vorfahren gesagt wurde: Du sollst deinen Freund lieben, deinen Feind sollst du hassen. Ich aber sage euch: Liebet eure Feinde. Denn ihr sollt aus einem Stück sein, ganz und eins, wie Gott der eine und ganz Gott ist.

Ist es ein Wunder, dass wir, die wir die Welt noch immer teilen in die Guten und in die Bösen, wir, die wir immer noch einen Gott haben und eine ganze Welt voll mit Antigöttern, von Feindbildern aller Sorten, dies immer noch nicht begreifen? Es ist uns immer noch fremd, dass dort, wo Gott absteigt in diese unsere Menschenwelt, das Licht gerade auch im Dunkeln leuchtet, durch das Dunkle hindurch, auch durch das, was wir böse nennen. Dass dort das Böse seine Eigenständigkeit und Macht verliert.

Ist Gott in Christus, dann ist nichts mehr außer Gott. Und wer ihm nachfolgt, fürchtet weder sich selbst noch irgendwelche Menschen oder Mächte oder irgendwelche Götter. Gott ist ihm gegenwärtig, wo immer er hinkommt. Beides muss geschehen: was das Evangelium die Umkehr nennt, die Wendung zu dem einen Gott, weg von den Götzen. Und dann das, was das Neue Testament Nachfolge nennt, nämlich die große und umfassende Bewegung des Einbeziehens im Namen Gottes.

Denn unser Weg führt ja weiter vom Berg Moses aus. Auch Jesus bestieg einen Berg, um den Menschen seinen Willen und den Willen Gottes kundzutun. Aber was er auf jenem Berg in Galiläa gesagt hat, das ist neu, und das ist anders. Die Bergpredigt ist nicht eine himmelhohe Moral, sondern Ausdruck des Friedens, den wir Christen mit uns selbst, mit anderen Menschen und mit Gott haben.

Da sagt dann die Bergpredigt: Wenn du von Christus geheilt, also ein ganzer Mensch bist, dann sprich Ja oder Nein, sprich eindeutig, damit du glaubwürdig bist.
Wenn du es nicht mehr nötig hast, Recht zu haben, dann urteile über deinen Bruder gerecht, dann nenne das Gute gut und das Böse böse und beteilige dich nicht an der weltweiten Falschmünzerei mit dem Wort.
Wenn du festen Boden unter den Füßen hast, dann steh zu deiner Überzeugung. Dann sprich aus, was ist und gilt. Wenn du Christus begegnet bist, dann diene nicht mehr zwei Herren. Dann diene nicht mehr Gott und dem Geist des Geldes zugleich.

Wenn du als ganzer Mensch voll und ungeteilt in den Verantwortungen deines Lebens stehst, dann trenne um Gottes willen nicht mehr zwischen deiner Gesinnung und deiner Verantwortung, wie man es dir immer wieder empfehlen möchte.
Wenn du unabhängig bist von fremder Herrschaft und ein freier Mensch, dann gib dem Kaiser, was ihm zusteht, aber gib Gott dich selbst, ihm, der doch allein noch dein Herr ist.
Wenn du es nicht mehr nötig hast, den Streit und den Krieg, der in dir selbst ist, anderen zur Last zu legen, dann geh mit deinem Gegner wohlmeinend um, sagt Jesus. Geh freundlich mit ihm um, solange du mit ihm auf dem Wege bist.

Wenn du kein Feindbild mehr nötig hast, um dir selbst den Anschein des guten Menschen zu geben, dann nimm den anderen, wie er ist, und verzichte auf Schlagworte und Propagandaphrasen.
Wenn du dich nicht mehr davor zu fürchten brauchst, dass du dich selbst verlierst, dann sei bereit, auch dich selbst zu ändern, wenn du meinst, der andere solle sich, um des Friedens willen, ändern.
Wenn du selbst dich nicht mehr fürchtest, dann sorge dafür, dass auch der andere sich vor dir nicht zu fürchten braucht. Wie willst du sonst Frieden schaffen?
Wenn du weißt: Gott versteht mich, dann versuche auch, den anderen zu verstehen. Wie willst du sonst mit dem anderen Menschen einen gemeinsamen Weg gehen?
Wenn du die große Geduld Gottes erfahren hast, dann lass auch dem anderen, deinem Gegner, Zeit und geh geduldig mit seiner Angst um.
Natürlich kannst du nun sagen: Das ist theoretisch der richtige Weg. Aber ich bin noch lange nicht so weit, dass ich das kann. Dazu sagte Paulus einmal: Das ist doch nicht wichtig, dass ich es bin, der das Reich Gottes auf dieser Erde schafft. Wichtig ist, dass ich Instrument dessen werde, der das Reich begründet und verwirklicht. Ich lebe, sagt er, aber eigentlich nicht ich, sondern Christus in mir.

Wenn du festen Boden unter den Füßen hast, dann steh zu deiner Überzeugung.

Was das Evangelium von Jesus Christus in uns schafft, das ist auf eine geheimnisvolle Weise Christus selbst in uns. Und wir sind seine Instrumente. Wir sind die, die als die Wartenden und die Hoffenden auf den kommenden Frieden vorausschauen – und das tun, was Christus durch uns tun will.
Denn das Reich Gottes wird „kommen". Es wird gleichsam durch den Rand unserer Welt hereinbrechen. Sichtbare und unsichtbare Wirklichkeit werden eins sein. Wir werden nicht in Schönheit beginnen und in der Ungestalt enden; in unserer eigentlichen Gestalt werden wir unser Ziel erreichen. Wie wir selbst, ist diese Welt nicht dem Untergang geweiht, son-

dern hat ihre Vollendung vor sich. Der Schöpfer ist auch der Vollender. Diesen Weg der Hoffnung geh hinter mir her, sagt Jesus. Folge mir nach: Es ist der Weg der Vertrauenden, die das Ziel ihrer Hoffnung festhalten.

Und so ist die Hoffnung die treibende Kraft unseres Tuns. Und der so Handelnde wirkt in Gelassenheit. Die Hoffnung und die Gelassenheit, in der wir für die Gerechtigkeit wirken, ist das Merkmal christlichen Glaubens. Wir warten auf das, was Gott tut, und dann tun wir, was Gott erwartet. Das ist alles.

Wozu sorgt ihr euch um die Welt oder um euch selbst? Von Sorgen ist beherrscht, sagt Jesus, wer Gott nicht kennt. Wirkt für den Willen Gottes in dieser Welt und für die Gerechtigkeit, die er meint. Das Übrige wird euch zufallen.

Das Übrige – das ist auch jenes uralte Gesetz, das Mose sich auf dem Berg sagen ließ. Jenes uralte Gesetz, an dem schon die Zeitgenossen Mose schuldig wurden, an dem das Volk Gottes und die Kirche durch die Jahrtausende und durch die Jahrhunderte schuldig wurden, das Gesetz, an dem jeder von uns schuldig wird, wenn er es nur ernst genug nimmt. Tu etwas Gerechtes für das Reich Gottes. Damit erfüllst du den Willen Gottes – auch den, der sich in jenen strengen und uralten zehn Geboten formuliert hat.

Und so prägt uns das Evangelium. Es gibt Gefahren, gewiss, aber ich brauche mich nicht zu fürchten. Alle meine Pläne können scheitern, aber ich bin getragen. Ich kann schwach werden, aber ich brauche nicht auf eigenen Füßen zu stehen. Alles kann mir genommen werden, aber ich brauche nichts festzuhalten. Es liegt mir, was ich brauche, ungefährdet in der Hand. Ich bin bedroht, aber ich brauche mich nicht zu wehren. Ich weiß Tag um Tag nicht, wie ich mich davor bewahren soll, schuldig zu werden, aber Gott misst mich nicht an meiner Unschuld, sondern an meiner Liebe zu denen, die gleich mir schuldig sind.

Wir leben in der Sorglosigkeit derer, die ihre Sorge und ihr Werk Gott anheimgeben. In der Gelassenheit, die dort einkehrt, wo der Wille Gottes an die Stelle ihres Willens getreten ist. Handeln heißt entlastet und im Frieden tun, was Gott in dieser seiner Welt durch unsere Hand tun will. Dankbar, gelassen, vertrauend.

Und da geht es nun in der Tat um ein lebenslanges, immer neues Freiwerden, Weitergehen, Weitersuchen und Weiterfinden.

Es geht heute darum, dass die Kirchen gemeinsam neu in die Freiheit hineinwachsen, die ihnen Christus eröffnet. Sie werden den Herausforderungen der Zukunft nur dann in Gelassenheit entgegengehen können, wenn sie eine neue Freiheit gewonnen haben auch von den Schematismen, in denen das Evangelium hier oder dort eingefangen ist.

Denn nur wer sich erlauben kann, mehr zu wagen, als wir normalerweise wagen, wird in Zukunft festen Grund unter den Füßen haben. Nur wer mehr vertraut, als wir normalerweise vertrauen, wird die Angst überwinden.

Nur wer weiß, dass Gott durch uns etwas tun will in dieser Welt, wird die Kraft haben, täglich neu anzufangen, und den langen Atem, den die Bibel die Geduld nennt. Denn Gott will etwas tun, durch unsere Hand.

Und so wirken wir mit ihm, in dem Frieden, der höher ist als alle Vernunft, und sind bewahrt mit unseren Herzen und allen Sinnen in Jesus Christus, unserem Herrn.

8

Glaubhaft von Gerechtigkeit reden

Seht, hier ist mein Knecht! Ich halte ihn!
Mein Erwählter, an dem ich mich freue.
Ich habe ihm meinen Geist gegeben,
und er wird meine Wahrheit
unter die Völker tragen.

Jes 42,1

In diesem Kapitel geht es uns nicht so sehr um Fragen des Rechts, wie man sie unter Experten diskutiert, so dass man sich um Theorien streitet, sondern so, wie man nach Recht und Gerechtigkeit schreit, wenn sie nicht zu finden sind, rund um diese Erde. Und als Dokument eines Volkes, das nach Recht und Gerechtigkeit schreit, möchte ich ein Lied des sogenannten Gottesknechtes aus dem Buch Jesaja auslegen. Ein Lied, das von einem Menschen spricht, der im Auftrag Gottes eintreten soll für das Recht, das seinem Volk vorenthalten wird. Dies ist der Text:

Seht hier ist mein Knecht! Ich halte ihn!
Mein Erwählter, an dem ich mich freue.
Ich habe ihm meinen Geist gegeben,
und er wird meine Wahrheit
unter die Völker tragen.
Er wird nicht schreien, nicht rufen,
man wird keinen Lärm hören auf den Gassen.
Er wird das geknickte Rohr nicht zerbrechen
und den noch glimmenden Docht
nicht auslöschen.
In Treue trägt er die Wahrheit hinaus.
Er selbst verlischt nicht
und zerbricht nicht,
bis er die Wahrheit aufrichtet auf Erden
und die fernsten Inseln
seine Weisung empfangen.
So spricht Gott,
der den Himmel schuf und wölbte,
der die Erde machte und ihr Gewächs,
der dem Menschen den Atem gab
und den Geist allen, die über die Erde gehen:

„Ich habe dich in Gnaden berufen.
Ich halte deine Hand und behüte dich.
Ich habe dich unter die Menschen gesandt,
dass du sie zu mir bringst
und meine Barmherzigkeit zu ihnen.
Zu einem Licht machte ich dich
für die Völker.
Blinden sollst du die Augen öffnen,
die Gefangenen aus dem Gefängnis führen
und aus dem Kerker alle,
die in Finsternis sind."

Jes 42,1-7

Das Lied ergeht in großen Bewegungen und in einem mitreißenden Schwung. Aber im Grunde ist es sehr schwer zu verstehen. Es hat sein Geheimnis. Wer ist der Knecht, von dem hier so große Dinge gesagt werden? Was ist das Unrecht, das seinem Volk geschieht? In welcher Situation hat er sein Lied geschrieben und was ist davon wahr geworden? Hat sich die Gerechtigkeit danach durchgesetzt? Gab es für sein Volk eine Befreiung? Ich muss ein wenig ausholen.

Es war im Jahre 587 vor Christus. Das Heer der Babylonier stürmte die Stadt Jerusalem. Achtzehn Monate hatte die Belagerung gedauert. Und dann war der Krieg verloren. Bis zum Ende hatte man vom Sieg geträumt, unfähig, sich damit abzufinden, dass das Land um Jerusalem, kaum 30 km im Durchmesser, kein politischer Faktor mehr war. Zwischen einer Großmacht im Osten und einer Großmacht im Westen ging das Reich der Könige Israels zugrunde.

Ich habe dich in Gnaden berufen.

Dann kam die Stunde null. Dreißig Tage lang ging in der Stadt der Tod um. Raub, Zerstörung, Vergewaltigung, Quälerei. Tempel und Palast gingen in Flammen auf. Die Mauern wurden ins Tal gestürzt. In den Gassen häuften sich die Leichen. Schakale strichen durch die sterbende Stadt. Ein Traum von 1000 Jahren war zu Ende. Und nicht nur der Traum von einem großen, freien Volk Gottes, sondern auch eine tausendjährige, wirkliche Geschichte. Denn nun kam nicht etwa eine Zeit wirklichen Friedens oder einer neuen Freiheit, sondern nun kam der große Treck. Die Babylonier trieben das Volk zusammen in riesigen Lagern, und dann wurden die Menschen auf den endlosen Straßen durch die syrische Wüste nach

Osten weggetrieben in das Land um das heutige Bagdad, nach Babylon. Und dort blieben sie rund 50 Jahre. Zwei Generationen lang, bis sie dort freigelassen wurden und unter großen Mühen wieder nach Hause zogen und dort noch einmal mit der Stunde null anzufangen hatten.

Nach den Leiden des Transports saßen sie an den Wassern zu Babel und sangen ihre Klagelieder, von denen wir eines kennen: „An den Wassern zu Babel saßen wir und weinten, wenn wir an Jerusalem dachten. An die Weiden hängten wir unsere Harfen."

Aber diese 50 Jahre in der sogenannten babylonischen Gefangenschaft waren für den geistigen Weg des jüdischen Volkes Höhepunkt und Durchbruch. Keine Zeit hat ein so intensives Nachdenken gebracht wie diese. An den Wassern zu Babel überwand das jüdische Volk die Anfangsphasen seines Glaubens und fand die Gedanken, die später für das Judentum selbst, aber auch für den Glauben der Christen entscheidend geworden sind. Die ganze Geschichte von Abraham an über Mose und David und die Reihe der Könige zog vor den Augen der Gefangenen vorbei, und sie fanden zum ersten Mal das eigentliche Bild Gottes, die Wahrheit ihrer Religion.

Lasst uns die Hoffnung nicht aufgeben.

Aber die Zeit war lang und die Gefangenschaft hart. In den Ziegeleien am Euphrat werden sie wohl ihre Sklavenarbeit getan haben, und die Frage wurde immer verzweiflungsvoller: Warum lässt Gott uns in dieser hoffnungslosen Lage, warum befreit er uns nicht? Warum kommen wir nicht endlich zu einem normalen Leben, warum gibt er uns nicht die Freiheit? Warum gibt er uns unsere Würde nicht endlich zurück? Wann kommt so etwas wie Recht und Gerechtigkeit, statt Gewalt und Rechtlosigkeit?

Sie waren wohl schon etwa 40 Jahre seit dem großen Zusammenbruch in der Gefangenschaft der Großmacht Babylon gewesen, als ein Mann in dem Lager der Gefangenen auftrat, dessen Namen wir nicht kennen und der doch zu den größten Gestalten nicht nur der Bibel, sondern überhaupt der religiösen Geschichte der Menschheit zählt. Seine Lieder und Reden sind im Buch Jesaja mit überliefert, so nennen wir ihn den Zweiten Jesaja. Wahrscheinlich gehörte er zu der Generation, die den Krieg und die Zerstörung Jerusalems nicht mehr erlebt haben, und muss wohl in der Gefangenschaft geboren sein.

Und er war durch die Schule der großen Erzähler gegangen, die dem Volk in der Gefangenschaft immer wieder die alten Geschichten von Abraham und Mose erzählten, die Geschichte von der wunderbaren Befreiung der Sklaven z. B., die aus Ägypten ausgebrochen waren, 700 Jahre zuvor, und bei Nacht durch die Sümpfe in die Wüste gewandert und nach 40 Jahren in ihre Heimat zurückgekehrt waren.

Wenn es das gibt, wenn das möglich ist, so rief er den Menschen zu, dann lasst uns die

Hoffnung nicht aufgeben. Denn dann ist Gott ein Gott der Befreiung. Und dann rief er aus, was er mit dem Ohr des Propheten als Stimme Gottes gehört hatte:

Tröstet, tröstet mein Volk!, spricht euer Gott,
redet zum Herzen der Stadt Jerusalem
und ruft ihr zu:
Ihr Sklavendienst ist erfüllt,
ihre Schuld ist gebüßt!
Denn sie hat Strafe genug empfangen
für alle ihre Sünden.
Horch! Da ruft einer:
„Durch die Wüste
bahnt einen Weg für den Herrn!
In der Steppe
ebnet eine Straße unserem Gott!
Jeder Berg und Hügel soll sich senken!
Jedes Tal soll sich heben!
Zerklüftetes Land soll eben werden
und die schroffe Höhe zum flachen Grund,
denn die herrliche Macht des Herrn
wird sich zeigen.“

Jes 40,1-5a

Er hört im Geist, wie im Himmel ein Befehl Gottes ergeht an das Heer der Engel: Das Volk muss nach Hause geführt werden. Nicht auf den krummen Wegen, auf denen es hergetrieben wurde, sondern geradenwegs durch die Wüste.
Der Zweite Jesaja verkündigt: In Kürze wird es so weit sein. Dann schlägt die Stunde der Freiheit. Die Wende, die sich auf der Erde noch nicht zeigt, ist in den Gedanken Gottes schon eingetreten. Es ist beschlossen. Wir kehren heim!
Die Zuhörer widersprachen: Wer ist denn dieser Gott, von dem du sprichst? Was richtet er denn aus gegen die Macht der Götter, von denen du behauptest, sie hätten keine Macht?
Und der Prophet erwidert:

Denn die herrliche Macht des Herrn wird sich zeigen.

Wisst ihr denn nicht? Hört ihr nicht?
Ist's euch nicht verkündigt von Anfang an?
Habt ihr's nicht gemerkt?
Von Anfang der Erde her ist es wahr:
Er thront über dem Kreis der Erde.
Er verwandelt die Fürsten in Nichts
und macht zunichte die Herren der Erde.
Kaum sind sie gepflanzt, kaum gesät,
kaum schlagen sie Wurzel im Erdreich,
da weht er sie an und sie verdorren,
ein Wirbelsturm führt sie
wie Stoppeln davon.

Jes 40,21-22a.23-24

„Wer hat", so fragt der Prophet, „denn alle diese Sterne geschaffen? Er allein doch, der sie zählt. Der sie alle mit Namen ruft." „Aber uns sieht er nicht!", ruft man ihm entgegen. Der Prophet antwortet:

Warum fragst du, Israel:
„Mein Weg ist dem Herrn verborgen,
mein Recht bleibt unbeachtet bei Gott!"?
Weißt du nicht? Hast du nicht gehört?
Der Herr ist der ewige Gott,
der die Enden der Erde geschaffen.
Er wird nicht müde oder matt,
seine Einsicht ist unerforschlich.
Er gibt dem Müden Kraft
und dem Kraftlosen Stärke in Fülle.
Die Jünglinge werden müde und matt,
junge Männer straucheln und fallen,
aber die auf den Herrn vertrauen,
gewinnen neue Kraft,

dass sie auffahren mit Flügeln wie Adler,
dass sie laufen und nicht matt werden,
dass sie wandern und nicht müde werden.

Jes 40,27-31

Die Zuhörer waren, so scheint es, keineswegs begeistert von der Aussicht, die der Zweite Jesaja ihnen eröffnete. Zu wenig hatten sie von der Nähe Gottes erfahren, und den Visionen dieses Mannes zu vertrauen, dazu fehlte ihnen die Kraft. Und der Prophet hielt dagegen:

So spricht der Herr, der im Meer einen Weg
und in Wasserfluten eine Bahn macht:
„Denkt nicht mehr an das Vergangene
und achtet nicht auf das Vorige.
Denn seht: Ich schaffe ein Neues,
jetzt sprosst es auf! Merkt ihr es nicht?
Ich bahne einen Weg durch die Wildnis
und spende Wasser in der Wüste.

Jes 43,16-19

Der große Seher und Prediger, Denker und Dichter fand keinen Widerhall. Er begegnete wohl erst dem ungläubigen Staunen, dann dem Widerspruch, dann der Resignation, zuletzt dem Hass, und schließlich entledigte sich die überforderte oder enttäuschte Gemeinschaft der Verbannten seiner auf irgendeine blutige Weise.
Es sind vier Lieder überliefert, in denen wir Weg und Geschick dieses Mannes ahnen können. Das erste davon ist das Lied vom Anfang dieses Kapitels (siehe Seite 96).

Das zweite Lied ist ein Dankhymnus, in dem der Prophet sich angesichts wachsender Schwierigkeiten auf den Auftrag Gottes beruft. Dort heißt es unter anderem:

> Ich aber dachte, ich arbeitete vergeblich
> und verzehrte meine Kraft umsonst,
> wo doch mein Recht bei dem Herrn bewahrt ist
> und mein Lohn bei meinem Gott.
> Nun aber spricht der Herr:
> „Ich mache dich vielmehr
> zum Licht der Völker,
> damit die Kunde von meinem Heil
> reiche bis an das Ende der Erde."
>
> Jes 49,4-5a.6b

Das dritte Lied ist eine Klage über die Gewalttätigkeit, in der die Menschen seines gefangenen Volkes mit ihm umgingen, mit ihm, dem Knecht Gottes:

> Der Herr hat mir eine Zunge gegeben,
> wie Jünger sie haben,
> dass ich wisse, mit den Müden
> zur rechten Stunde zu reden.
> Der Herr hat mir das Ohr geöffnet.
> Ich bin nicht ungehorsam
> und weiche nicht zurück.
> Ich bot meinen Rücken denen,

die mich schlugen,
die Wange denen, die mich rauften.
Mein Angesicht verbarg ich nicht
vor Schimpf und Speichel.
Gott, der Herr, hilft mir,
darum werde ich nicht zuschanden.

Jes 50,4a.5-7a

Und endlich bringt das vierte Lied einen Rückblick auf eine Katastrophe: die Verfolgung des Knechts, seine Verurteilung und Tötung. Das Lied beginnt damit, dass Gott spricht und sich zu seinem Knecht bekennt:

Siehe, meinem Knecht wird sein Werk gelingen.
Hoch über allen wird er stehen,
die bedeutend sind unter den Menschen.
Freilich, viele werden entsetzt sein,
wenn sie ihn sehen, denn er ist entstellt
und nicht schön wie andere Menschen.
Seinetwegen werden sich Völker ereifern,
Könige staunend den Mund verschließen.

Jes 52,13-15a

Nun, nach seinem Tode, nimmt eine Gruppe unter den Gefangenen das Wort. Sie hatten ihn nicht verstanden. Nun, nach seinem Tod, fangen sie an, ihn zu begreifen und zu verstehen, dass hier wirklich eine Botschaft von Gott vorgelegen hatte.

Aber wer glaubt dem, was Gott sprach,
wer versteht, was Gott tat?
Er wuchs mühsam auf wie ein Reis,
das in dürrem Erdreich wurzelt.
Er hatte keine erhabene Gestalt,
keine Hoheit und keine Schönheit.

Wir sahen ihn, aber er gefiel uns nicht.
Ausgestoßen war er, von Menschen gemieden,
ein Mann der Schmerzen,
vertraut mit Krankheit,
so verachtet,
dass man das Antlitz vor ihm verbarg
und wir ihn für nichts hielten.
Aber das ist wahr: Er trug unsere Krankheit
und lud unsere Schmerzen sich auf.
Wir meinten, Gott habe ihn gestraft.
Um seiner eigenen Schuld willen
habe Gott ihn geschlagen und gemartert.
Aber er wurde durchbohrt
um unserer Untreue willen,
zerschlagen zur Sühne für unsere Verbrechen.
Die Strafe liegt auf ihm, damit wir Frieden hätten,
und durch seine Wunden sind wir geheilt.
Er wurde misshandelt und beugte sich,
und tat seinen Mund nicht auf
wie ein Lamm,
das man zur Schlachtbank führt,
wie ein Schaf,
das verstummt vor seinem Scherer.
Denn er ist weggerissen
aus dem Lande der Lebendigen,
für die Missetat meines Volkes hingerichtet.
Man gab ihm bei Gottlosen sein Grab,
bei Übeltätern seine Grabstätte,
obwohl er niemandem Unrecht getan hat
und kein Trug in seinem Munde war.

Am Ende bestätigt Gott noch einmal, was die Gemeinde verstanden hatte:

Durch seine Leiden schafft er,
der Gerechte, mein Knecht,
für viele die Rettung,
und lädt ihre Sünden auf sich.
Weil er sein Leben in den Tod gab
und sich zu den Empörern zählen ließ.
Denn er gerade trug die Sünden der vielen
und trat für die Empörer ein.

Jes 53,1-5.7.8b-9.11b.12b

Was war geschehen? Die Frommen nahmen sein Wort nicht an. Die weniger Frommen verhöhnten ihn. Vielleicht verklagten sie ihn bei der babylonischen Regierung als Empörer. Vielleicht wurde er in einem Ketzergericht zusammengeschlagen und hingerichtet und schließlich bei den Verbrechern verscharrt.

Wenn der von Freiheit spricht, so sagten sie, ist das nicht der offene Aufstand? Wenn er von Recht spricht – werden sich die Babylonier das bieten lassen? Müssen wir uns diesen Menschen nicht vom Hals schaffen, so schnell und so deutlich wie möglich, damit wir nicht alle zusammengeschlagen werden? Ist es nicht besser, fragte Kaiphas, der Hohepriester, sechshundert Jahre später, dass dieser eine, Jesus, stirbt, als dass das ganze Volk von den Römern massakriert wird? Vielleicht wurde der Zweite Jesaja den Babyloniern ausgeliefert ähnlich Jesus, dem man die Anklage mitgab: Er predigt den Aufstand! Und wie Jesus Pilatus gegenüber schwieg, so tat er seinen Mund nicht auf, als man ihn zu Tode brachte. Und wie von Jesus ist von ihm gesagt: Er betete für seine Henker.

Durch seine Wunden sind wir geheilt.

Es muss wie ein Schock in die Gemeinde der Verbannten hineingefahren sein, die ja sein Sterben erlebte und sah, wie man ihn bei Verbrechern verscharrte, als der erste anfing zu fragen: Ist er nicht im Grunde für sein Volk gestorben, das sich so entsetzlich an ihm versündigt hat? Hat er uns nicht eine Erkenntnis geschenkt, die uns frei macht, freier als wir selbst auf dem Heimweg nach Jerusalem werden könnten?

Die Überlieferung spricht von diesem Vorgängen im Übrigen nicht. Vielleicht war der Skandal zu unerträglich. Aber das ist gewiss: Wenn es im Alten Testament überhaupt irgendeine geradlinige Prophetie auf Jesus Christus hin gibt, dann liegt sie in dem Wort und dem Geschick, in der Person und der Ausstrahlung des Zweiten Jesaja an den Wassern zu Babel.

Es ist nicht zufällig, dass Jesus zu Beginn seiner Wirksamkeit, als Motto für sein Werk, Worte dieses Zweiten Jesaja auf sich selbst bezog:

> Der Geist Gottes ruht auf mir,
> einen Auftrag hat mir Gott gegeben,
> eine Botschaft: Freude für die Elenden!
> Er hat mich gesandt,
> die wunden Herzen zu verbinden,
> den Gefangenen die Freiheit anzukündigen
> und den Gefesselten die Erlösung
> und zu rufen: „Jetzt ist die Stunde,
> in der Gott hilft!"
>
> Jes 61,1-2a

Alles aber liegt daran, dass uns deutlich wird, was der Zweite Jesaja mit Gerechtigkeit meint und Jesus mit der Freiheit für die Gefangenen. Denn nie beginnt das Recht außen. So dass einer sagen könnte: Ich will mein Recht. Nie beginnt die Freiheit außen. So, dass er sagen könnte: Ich habe Anspruch auf Freiheit.

Wenn das Recht und die Freiheit nicht in uns selbst Raum greifen, werden sie außen, in der sozialen oder politischen Welt, niemals Wirklichkeit. Dann löst ein Unrecht das andere ab, und eine Unfreiheit folgt der anderen Unfreiheit. Wer die Unfreiheit kennt, in der die Menschen der sogenannten freien Welt gebunden sind, die innere Unfreiheit, der weiß, wovon ich rede.

Gerechtigkeit beginnt mit Umkehr von den Wegen des Unrechts. Freiheit beginnt mit Umkehr aus dem Gestrüpp der Unfreiheiten. Und diese innere Gerechtigkeit, in der es zur Übereinstimmung kommt zwischen Jesus Christus und mir, muss nun nach außen durchdringen. Die Gerechtigkeit, die wir selbst vor Gott erreichen, muss und wird sich ihren Ausdruck schaffen, draußen unter den Menschen. Gerechtigkeit des Herzens und des Gewissens muss und wird Gestalt finden im sozialen und politischen Geviert. Was nicht von innen nach außen durchdringt, ist auf Sand gebaut.

Die innere Freiheit ist der Anfang aller wirklichen Freiheit. Frei bin ich, wo ich erkenne, dass ich meine Würde von Gott habe und niemand sie mir nehmen kann. Frei bin ich, wo ich weiß, zu welcher Menschengestalt Gott mich bestimmt hat. Nur wer von innen her frei ist, hat den aufrechten Gang. Nur wer die Freiheit der Kinder Gottes kennt, weiß, dass er frei ist auch mitten in der Unfreiheit. Was nicht von innen nach außen durchdringt, steht auf schwachen Füßen.

Der Raum, in dem Recht und Freiheit sich zuerst verwirklichen sollen, ist die Gemeinde Jesu Christi, wie es die Gemeinde der Gefangenen in Babylon gewesen war. Hier zeigt es sich, ob wir wissen, was Gerechtigkeit ist trotz allen Unrechts. Hier zeigt es sich, ob wir einander den Raum der Freiheit offenhalten können, den Raum eines eigenen Denkens, eines eigenen Bekennens und einer eigenen Gestalt. Und glaubhaft wird eine Kirche Jesu Christi von Gerechtigkeit reden, wenn es in ihr gerecht zugeht zwischen den Kindern Gottes. Glaubhaft wird sie von Freiheit reden, wenn sie selbst ein Raum ist, in dem Freiheit herrscht.

Die innere Freiheit ist der Anfang aller wirklichen Freiheit.

Und von hieraus wird, ohne dass irgend lauter Lärm nötig wäre, eine Wirkung ausgehen auf die Menschen, die mit den Christen in Berührung kommen.

Er wird nicht lärmen, man wird von ihm kein Geschrei hören auf den Gassen. Aber fest und klar wird er das Recht verkündigen. So haben wir in unserem Lied gelesen.
Und wir nehmen heute, im Namen des Christus, der uns die Augen geöffnet und die Freiheit gegeben hat, die Worte auf, die Gott an den Zweiten Jesaja richtete:

Ich habe dich in Gnaden berufen.
Ich halte deine Hand und behüte dich.
Ich habe dich unter die Menschen gesandt,
dass du sie zu mir bringst
und meine Barmherzigkeit zu ihnen.
Zu einem Licht machte ich dich
für die Völker.
Blinden sollst du die Augen öffnen,
die Gefangenen aus dem Gefängnis führen
und aus dem Kerker alle,
die in Finsternis sind.

Jes 42,6-7

Wenige Jahre nach der Tötung des Propheten, 50 Jahre nach der Stunde null, der Zerstörung Jerusalems, zog Kyros, der König der Perser, nach einem Sieg über das babylonische Reich in Babylon ein. Das Zweistromland fiel ihm zu und der ganze Raum des heutigen Iraks, Syriens, Libanons, Palästinas und bis an die Grenze Ägyptens.
Damit schlug die Stunde der Befreiung für die Verbannten am Kanal Kebar. Und allmählich hoben sich aus dem schon fast babylonisch gewordenen Volk diejenigen heraus, die den Weg in die Heimat antreten wollten, um einen neuen Anfang zu wagen. Sie brachen mit großen Hoffnungen und ebenso großer Sorge auf. Was würde sie erwarten, dort, im Land der Väter. Wie mochte es in Jerusalem aussehen? Und vielleicht hörten sie neu die Worte ihres Propheten, der von dieser Heimkehr gesprochen hatte und der Jahre zuvor die Segensworte formulierte, die für den Weg in die Freiheit bestimmt waren.

Wort von Gott:
Fürchte dich nicht.
Ich befreie dich.
Ich rufe dich bei deinem Namen,
du bist mein.
Wenn du durch Wasser gehst,
bin ich bei dir,
inmitten von Strömen
halte ich dich fest.
Wenn du durch Feuer gehst,
wirst du nicht brennen,
und die Flamme
wird dich nicht versengen.
Ich bin der Herr, dein Gott;
Ich mache das Meer still,
wenn seine Wellen brausen,
und schütze dich.
Ich zeige dir einen Weg
auf dem Grunde des Meeres:
den Weg der Befreiten,
die erlöst sind von Angst.
Freude gebe ich dir
im Aufbruch,
auf dem Weg,
aber Geleit im Frieden.

nach Jes 43,1ff.

Sorge dich nicht!

Macht euch keine Sorgen um euer Leben. Sagt nicht:
„Was sollen wir essen? Was sollen wir trinken?
Was sollen wir anziehen?“ Ihr habt euer Leben von Gott,
das ist mehr als die Nahrung. Gott gab euch den Leib,
das ist mehr als die Kleidung.
Sorgt nicht für den kommenden Tag.
Der wird für sich selbst sorgen.

Mt 6,25.34a

Setzt euch ein für das Reich Gottes und für die Gerechtigkeit.

Niemand kann für zwei Herren arbeiten. Er wird dem einen seine Kraft schuldig bleiben und sie für den anderen einsetzen. Er wird sich für den einen bemühen und den anderen vernachlässigen. Ihr könnt nicht Gott dienen und dem Geld zugleich.
Darum sage ich euch: Macht euch keine Sorgen um euer Leben.
Sagt nicht: „Was sollen wir essen? Was sollen wir trinken? Was sollen wir anziehen?"
Ihr habt euer Leben von Gott, das ist mehr als die Nahrung. Gott gab euch den Leib, das ist mehr als die Kleidung.
Schaut auf die Vögel, die am Himmel fliegen. Sie säen nicht, sie ernten nicht, sie sammeln nichts in Scheunen, euer Vater im Himmel ernährt sie. Seid ihr nicht viel kostbarer als sie? Wer kann mit seinen Sorgen erreichen, dass die Zeit seines Lebens auch nur um eine halbe Elle länger wird?
Und was sorgt ihr euch um Kleider? Lernt bei den roten Anemonen hier, wie sie wachsen. Sie arbeiten nicht. Sie spinnen nicht.
Ich sage euch: Auch ein Salomo in all seiner Pracht war nicht gekleidet wie eine von ihnen.
Wenn aber Gott das Gras, das heute steht und morgen verbrannt wird, so kostbar kleidet, wird er nicht viel mehr für euch sorgen, ihr Stümper im Glauben?
Verzehrt euch also nicht in der Sorge: „Was essen? Was trinken? Was anziehen?"
Um all das kreisen die Gedanken der Leute, die von Gott nichts wissen.
Euer Vater im Himmel weiß, dass ihr das alles braucht.
Setzt euch ein für das Reich Gottes und für die Gerechtigkeit, die er will.
Das Übrige wird euch zufallen.
Sorgt nicht für den kommenden Tag. Der wird für sich selbst sorgen.
Es ist genug, dass jeder Tag seine eigene Mühe hat.

Mt 6,24-34

Dieses Wort von der Sorglosigkeit steht in der Bergpredigt. Es ist ein Wort für Leute, die mit Jesus unterwegs sein wollen. Es ist ein Wort aus der Bergpredigt, und Sie können Zeugen einer sehr merkwürdigen geistlichen Entwicklung in unserer Kirche sein. Von dieser Rede auf dem Berg ist in unseren Tagen überall die Rede, mehr als je seit Menschengedenken, und es ist schon erstaunlich, wie man sie heute wieder entdeckt, nachdem sie durch Jahrhunderte hin fast vergessen gewesen war.

Da hört man plötzlich: Feindesliebe – wenn man nur begreift, was damit gemeint ist – ist ein faszinierender und politisch ungemein hilfreicher Gedanke. Gewaltlosigkeit – wenn man nur einmal das unreflektierte Abwehrverhalten überwunden hat – ist ein unglaublich wirksames Mittel der Auseinandersetzung. Selig sind die Geduldigen, die warten können, denn ihnen gehört die Erde. Wenn man einmal gemerkt hat, wie kurzatmig auch unsere politischen Lebens- und Erfolgsrezepte sind, dann findet man hier eine Anleitung nicht nur zu mehr Humanität, sondern auch zu einem lebendigeren Leben.

Da kam also einer, löste sich aus den Selbstverständlichkeiten, mit denen die Menschen in ihren Tälern lebten, ging auf einen Berg, wo der Horizont freier ist, und sagte: Wer groß sein will, der lerne, klein zu sein – und zeigte das Geheimnis des Weges zur Größe.

Da kam einer und sprach ganz neu vom Haben und Besitzen: Wer zwei Mäntel hat, hat nicht eine zusätzliche Sicherung, sondern eine Gelegenheit, dem zu helfen, der keinen hat.

Da kam einer in dieser Welt, in der man sich immer in erster Linie selbst verwirklicht, und sagte: Liebe deinen Nächsten wie dich selbst. Und ein anderer, der dazu die besseren Möglichkeiten hat, nämlich Gott selbst, wird dich verwirklichen.

Und da kam nun also einer in unsere Welt der Vorsorge und der Planung und sagte: Sorge nicht für den anderen Morgen. Und wie immer bei solchen Merkwürdigkeiten in den Worten Jesu, geht es um das, was wir meinen: Um die Umkehr zum Leben.

Wer groß sein will, der lerne, klein zu sein.

In was für einer geistigen Landschaft leben wir denn? Welches Geistes ist unsere Zeit? Mir fällt, jedes Jahr mehr und deutlicher, die eigentümlich depressive Grundstimmung in unserem Land auf. Nicht nur, dass die Depressionen zunehmen, sondern auch, dass das ganze Leben in unserem Land von einer ganz seltsamen Melancholie bestimmt ist, einer Melancholie mit allen Begleiterscheinungen, die auch bei einzelnen Menschen zur Depression gehören.

Ein Volk, das in einer solchen depressiven Grundstimmung lebt, fürchtet nichts so sehr wie das Risiko. Man denkt keine Gedanken, die man nicht schon gewöhnt ist. Man prüft nichts auf seine Haltbarkeit, das bisher gehalten hat. Man scheut nichts so sehr wie Veränderung. Man sucht nichts – da die Welt gefährlich ist – als einen warmen Platz zum Überwintern. Und wenn jemand sagt: Leute, wenn ihr überleben wollt, müsst ihr euch ändern! – dann ist er gefährlich, dann ist er sicher ein Chaot, wahrscheinlich ein Kommunist, sicher aber ein Verfassungsfeind.

Für ein Volk in einer depressiven Stimmung ist nichts so wichtig wie Sicherheit. Sicherheitspolitik ist da immer wichtiger als soziale Gerechtigkeit und wichtiger als geistige Freiheit. Für nichts opfert ein Volk im depressiven Zustand mehr als für die Festigkeit seiner Grenzen und für die Abschreckung von anderen, bösen Menschen. Für nichts bringt es mehr auf als für die Festigkeit der politischen Ordnung, die Festigkeit von Regierung und Verwaltung, nichts ist so wichtig wie die Gültigkeit von Gesetzen, Richtlinien und Paragraphen.

Nichts ist so wichtig wie das, dass alles bleibt, wie es immer war und wie es jetzt noch ist und hoffentlich morgen und übermorgen sein wird.
Nun sagt die Bibel sehr grundsätzlich: Es gehört zum Menschen, dass er seinen Weg wählt. Es gibt einen Weg zum Leben und einen Weg zum Tode. Der Weg zum Leben ist an seiner Lebendigkeit kenntlich. Der Weg zum Tode daran, dass der Tod auf ihm immer schon gegenwärtig ist. Man kann sich, sagt die Bibel, vom Leben oder vom Tod faszinieren lassen.

Wer sich vom Tod faszinieren lässt, sagt etwa: Die Welt ist voll Gefahr. Die Welt ist voller Feinde. Jeder lügt. Glaube niemandem. Du bist bedroht. Du musst mit dem Schlimmsten rechnen. Auge um Auge, Zahn um Zahn. Hilf dir selbst, sonst hilft dir keiner. Mach keine Experimente. Sorge für deine Sicherheit. Und dabei beherrscht dann der Tod die Szene nachhaltiger als das Leben.
Wer sich vom Leben faszinieren lässt, sagt etwa: Die Zukunft ist offen. Es kann noch viel geschehen, das ich noch nicht kenne. Ich bin gespannt, was morgen sein wird. Die Zeit bis dahin versuche ich, so intensiv wie möglich zu leben, in möglichst großer Offenheit. Ich baue keine Mauer um mein Leben, sondern breite es aus. Ich sichere meine Freiheit nicht, sondern breite meine Freiheit aus. Ich erwarte trotz aller Erfahrungen, dass etwas geschehen kann, das mir neu ist. Das die Lage verändert.
Wer den Weg zum Leben gehen will, der muss das Leben lieben. Wer immerfort mit dem Tode rechnet, der geht den Weg zum Tode.

Wer den Weg zum Leben gehen will, der muss das Leben lieben.

Wer sein Leben sichern will, sagt Jesus, der wird es verlieren. Wer bei uns vom Tode fasziniert ist – und das ist ein Merkmal einer depressiven Grundstimmung – der gilt als normal. Der gilt als vernünftig. Der gilt als Realist.
Er sagt etwa so: Wo kämen wir hin, wenn wir jeden tun ließen, was er will? Nein, wir müssen steuern, ordnen, zügeln, eingreifen, bremsen, einsperren, bestrafen. Wozu hat man Gesetze und Ordnungen? Das Leben ist gefährlich. Nur wenn alles bleibt, wie es ist, können wir dem Untergang entgehen. Und auf diese Weise dient man letztlich der Verhinderung des Lebens.
Man könnte den Geist dieser Zeit auch als eine Alterserscheinung beschreiben. Europa ist müde geworden. Unsere Geschichte ist lang. Wir haben eine Fülle von Erfahrungen, aber unsere Seele hat unter der Last unseres Wissens kaum mehr Luft zum Atmen. Wir haben alle großen Ideen schon einmal gehabt, und wir haben gelernt, ihnen zu misstrauen.
Dabei läge im christlichen Glauben eine Chance gerade für diese depressiven modernen Abendländer, das Leben wieder einmal zu packen, das Leben voller zu ergreifen und den eigenen Platz im großen Spiel der Welt wiederzufinden.

Bedingung wäre, dass wir lernten, über diese eingegrenzte Menschenwelt hinaus die wirkliche, die größere Welt Gottes, wahrzunehmen. Ernst zu nehmen. Und dabei einen freien Horizont auch für unser kleines Schicksal zu gewinnen.

Nun hat die Bergpredigt ihren geheimen Zielpunkt darin, dass sie einen Weg zum Leben zeigt. Sie sagt etwa so: Wer das Leben liebt, bringt seine Lebendigkeit ein. Wer das Leben sichern will, verbaut sich seinen Weg. Man kann das Leben nicht sichern, man kann es nur leben. Man kann seine Freiheit nicht sichern, man kann es nur wagen, ein freier Mensch zu sein.

Menschen sind gemeint, die die Hände frei haben und ihre Kraft und Fantasie und Liebesfähigkeit einsetzen.

Wer in allem den Tod wittert, den fängt der Tod ein. Wer das Leben annimmt, den erwartet jeden Tag etwas Lebendiges. Und hier hat das Wort von der Sorge seinen Platz.

Eine alte Fabel erzählt: Ein Vogel lag auf dem Rücken und hielt die Beine starr gegen den Himmel gestreckt. Ein anderer Vogel kam vorüber, wunderte sich und fragte: Was ist mit dir? Warum liegst du auf dem Rücken? Warum streckst du die Beine so starr nach oben? Da antwortete der: Ich trage den Himmel auf meinen Füßen. Wenn ich loslasse und die Beine anziehe, stürzt der Himmel herab. In diesem Augenblick löste sich ein Blatt vom nahen Eichbaum und fiel mit leisem Rascheln zur Erde. Darüber erschrak der Vogel so sehr, dass er sich geschwind umdrehte und – so schnell er konnte – davonflog. Der Himmel aber blieb an seinem Ort.

Man könnte natürlich über ihn spotten, den armen Blender und Angeber, der sich so wichtig nimmt, diesen Pessimisten und Schwarzmaler, der den Himmel stützen will und vor einem Blatt zu Tode erschrickt, und der sich so unentbehrlich fühlt für den Fortbestand der Welt, dass er schließlich in seinen Depressionen untergeht, wenn er merkt, dass der Himmel auch ohne ihn stehenbleibt. Aber man wird ihm mit Spott sicher nicht gerecht. Es ist durchaus nicht so im Leben, dass der Himmel über den Menschen nicht einstürzen könnte. Die Angst, die uns bei so vielen Menschen begegnet, hat ihren Grund, und die verkrampfte Abwehrhaltung vieler Leute ist möglicherweise ein Ausdruck von bitterschweren Erfahrungen.

Aber Jesus meint durchaus nicht, der Glaube sei eine Sache für Blumenkinder. Er meint, der Mensch sei in Gefahr, in seiner Angst und Sorge zu erstarren und dabei seinen Auftrag zu verfehlen. Er zeichnet sozusagen das Gegenbild zu dem Vogel, der auf dem Rücken liegt: einen Menschen, der die Flügel regt, der sich seinem Element anvertraut, der sich darauf verlässt, dass der Himmel hält und die Luft trägt. Eine gewisse Freiheit und Kühnheit ist gemeint, die dadurch möglich wird, dass ein Mensch aufgehört hat, sich selbst im Wege zu stehen. Menschen sind gemeint, die die Hände frei haben und ihre Kraft und

Fantasie und Liebesfähigkeit einsetzen, wo sie nötig sind, in ihren vier Wänden oder vor ihrer Tür oder sonst wo.

Sorgt dafür, dass unter euren Händen etwas Gerechtes geschieht, sagt Jesus, alles Übrige wird euch zufallen. Und wenn die Christenheit noch nie Gelegenheit gehabt haben sollte, die Wahrheit dieses Worts zu prüfen, heute könnten wir es lernen. Wir werden dabei entdecken, dass es gerade dann eine Grenze zwischen einem privaten und einem politischen Christentum gar nicht gibt. Wer sich in größerem Stil um Menschen kümmert, handelt immer mitten in die Politik hinein, und das ist für eine Kirche auch kein Fehler, solange es ihr um Menschen geht und nicht um eine rechte oder linke Ideologie oder um Macht.

Und diese Sorge um andere Menschen erdrückt uns nicht, sondern macht uns frei. Wenn wir uns nicht einbilden, wir müssten den Himmel stützen, dann stehen die Probleme auf dieser Erde in einem ganz anderen Licht. Sie bedrohen uns nicht mehr. Sie verwandeln sich in Aufgaben. Wir haben die Hände frei. Wir können etwas Rechtes tun, und wir finden dabei vielleicht sogar den Humor.

Sorgt dafür, dass unter euren Händen etwas Gerechtes geschieht.

Wer ist unter euch, fragt Jesus, der seiner Körperlänge eine Elle zusetzen könnte, auch wenn er sich noch so sehr darum sorgt?

Kauft man nicht zwei Sperlinge um einen Pfennig? Dennoch fällt von ihnen keiner auf die Erde, wenn euer Vater es nicht will. So sind auch eure Haare auf eurem Haupt alle gezählt. Darum fürchtet euch nicht, ihr seid besser als viele Sperlinge.

Mit solchen Sätzen führt uns Jesus in eine Dimension, die unserem sorgenden Nachdenken zunächst einfach fremd ist.

Denn harmlos ist diese Anweisung nicht. Es sind schon viele Menschen wie Spatzen vom Baum gefallen. Und was die Haare auf dem Haupt betrifft: In den Konzentrationslagern hat man Berge abgeschnittenen Haares gefunden. Es ist da schon ein sehr viel größerer Rahmen nötig als der Rahmen unserer Erfahrung, ehe diese Worte einen Sinn geben.

Gott hat – das ist die Voraussetzung für alles Weitere – in seine Schöpfung sehr viel Dunkelheit hineingeschaffen. In das Gewebe dieser Welt ist viel Tod und Leid und Schmerz hineinverwoben.

Und niemand fällt aus dieser Wirklichkeit, dieser größeren, je heraus, mit oder ohne seine Sorge. In das Wesen dieses Daseins gehört auch das Fallen und Stürzen hinein. Das Fallen der Vögel und das Fallen der Haare auf dem Haupt.

Alles, was lebt, ist eingewoben in das große, umfassende und sehr ernste Spiel der Schöpfung. Im Leben eines jeden von uns regiert ein Gesetz, über das er keine Macht hat. Er kann es bestenfalls erkennen und mit ihm zu harmonieren suchen. Er hat kein Mittel und keinen

Weg, ihm zu entgehen, er kann es nur leben mit der ganzen und vielleicht mühsamen Zustimmung seines Herzens. Er gehört mit allem Düsteren seiner Rolle in das große Spiel hinein.

Nicht sorgen – das heißt das Notwendige tun um des Reiches Gottes willen.

Darin liegt etwas zutiefst Schmerzliches. Denn der Mensch ist ja nicht ein fühlloses Teil eines Apparates, sondern schmerz- und leidensfähig. Er hat Hoffnungen und Sehnsüchte und Wünsche und Ängste. Und das große Geschehen der Weltgeschichte und das große Spiel der Schöpfung geht erhaben über ihn hinweg. Aber da spricht Jesus seinen großen Grundgedanken aus. Da spricht er vom Reich Gottes. Und es ist eines der großen Missverständnisse des christlichen Glaubens, dass man immer wieder gemeint hat, das Reich Gottes sei eine Sache, die komme, wenn diese ganze Welt, in der wir leben, untergegangen sein wird.

Reich Gottes, das ist der große Zusammenhang, in dem die Schöpfung überhaupt steht, die Jahrmillionen ihrer Geschichte, die Menschenwelt mit ihren kleinen Ereignissen am Rande des Kosmos, das Schicksal der Sterne und der lebendigen Wesen bei uns und anderswo, und schließlich die Vollendung, die das Ziel des ganzen Dramas ist und in der alles münden wird.

Und da nimmt Jesus sein Wort vom Sorgen wieder auf: Fasst das Reich Gottes ins Auge und tut, was ihr tut, in seinem Zusammenhang und nach dem Maß der Gerechtigkeit, die es vorschreibt – alles Übrige wird euch zufallen.

Nicht sorgen – das heißt das Notwendige tun um des Reiches Gottes und seiner Gerechtigkeit willen. In voller Freiheit. Ohne Angst um das eigene Sein. Ohne Angst um die eigene Freiheit. Ohne Angst um die eigene Selbstverwirklichung. Was zu verwirklichen ist, ist das Reich Gottes und seine Gerechtigkeit, alles Übrige widerfährt euch nach dem Willen Gottes und hat darin seinen Sinn.

Nehmt den Horizont dieses Reiches in euer Leben herein und lebt in ihm. Was euch groß schien, wird euch dabei sehr klein erscheinen. Und was außerhalb eures Gesichtskreises gelegen hatte, wird unendlich wichtig und groß. Es gibt keinen anderen Weg aus der Sorge. Es gibt keinen anderen Weg aus der Resignation, die uns alle ergriffen hat, als diese Umkehrung der Dinge.

Da kann man dann anfangen, ein paar gewohnte Gedanken wegzulegen und andere zu denken, die man noch nicht ausprobiert hat. Da kann man anfangen, ein wenig sorglos zu werden gegenüber den kleinen Themen des Tages, die so riesig vor einem stehen. Da kann man anfangen, für sein eigenes Leben einen neuen Entwurf zu versuchen, obwohl doch alles so gut und gesichert ist. Da kann man den Wahn ablegen, es komme darauf an, dass man alles machen müsse. Es komme darauf an, dass man alle Probleme löse, weil das ein anderer ja doch nicht könne. Da kann man die Angst ablegen, es könne eines Tages nicht mehr alles wachsen und größer werden und noch kolossaler, als es jetzt schon ist. Da kann man die Angst ablegen vor den jungen Leuten, die einem so unheimlich sind mit ihrem Widerstand und ihrem Aussteigertum. Da kann man die Angst ablegen vor dem, dass vielleicht irgendwann Gefährliches auf uns zukommt, von dem man noch nichts sieht, und kann sich dem Tag zuwenden.

Nehmt den Horizont dieses Reiches in euer Leben herein und lebt in ihm.

Sorget nicht für den anderen Morgen, sagt Jesus. Ein jeder Tag wird für das Seine sorgen. Es ist genug, dass jeder Tag seine eigene Plage hat.

Und das ist wahr, weil man nicht etwa alles gehen und fallen lässt, sondern weil der Tag seinen guten Platz im großen Spiel des Weltgeschehens hat und weil er seinen Sinn, seine Kraft und seine Notwendigkeit aus einer anderen Hand bekommt als aus der unseren.

Das Reich Gottes kommt, sagt Jesus.

Und er sagt ein andermal: Das Reich Gottes ist da, mitten unter euch. Werft euer Herz voraus, und ihr seid mitten im Reich Gottes.
Ihr seid auf dem Weg, den ihr ohnedies, mit oder ohne euer Einverständnis gehen werdet: Über dieses irdische Dasein hinaus in immer größere Weite und Freiheit. Euer Dasein erhält den Rahmen, in dem allein es sinnvoll sein kann.

Diese Sorglosigkeit im großen Rahmen des Reiches Gottes gelingt damit, dass wir uns leichter nehmen, als es uns naheliegt. Das eigene Leben leicht nehmen ist sehr schwer. Und Scheitern kann man immer noch. An sich selbst oder an anderen oder an seinem Schicksal. Aber auch dieses Scheitern ist ein Vorgang im Zusammenhang des Reiches Gottes. Es widerspricht dem Reich nicht, es liegt nur eben in einem Horizont, den wir nicht überblicken.

Solange uns Abendländern jedenfalls die fixe Idee, es müsse alles durchschaubar und erklärbar sein, im Kopf und Herzen steckt, wird nichts seinen Sinn offenbaren.
Solange das kleine Ich im Mittelpunkt seiner Welt steht, geht nichts auf. Denn wir Abendländer, gerade auch wir Christen, zentrieren unsere Welt viel zu sehr um unser persönliches Geschick herum. Man muss seinen kleinen Mittelpunkt verlassen und das ganz andere, das Große, ergreifen, wenn das eigene kleine Leben gelingen soll.
Als Johannes XXIII. einmal träumte, er habe einem Engel geklagt, dass sein Amt so unendlich schwer sei, da träumte er, der Engel habe ihm geantwortet: Giovanni, nimm dich nicht so wichtig.
Nimm dich nicht so wichtig – das ist der Anfang auf dem Weg in die Freiheit und in das lebendige Leben, den Jesus Christus in seiner Bergpredigt aufzeigt. Und alles, was wir dagegen sagen, beweist im Grunde nur, dass wir uns noch immer unendlich wichtig nehmen.
Wenn Jesus einen Menschen in die Nachfolge berief, dann sagte er ihm etwa Folgendes:
Ich gebe dir Grund unter deine Füße. Ich gebe dir Raum zum Leben und zum Atmen. Ich gebe dir Kräfte. Trau ihnen etwas zu. Und dann geh hin, ohne Sorge um dich selbst, und lebe und rede und handle als einer, der im Reich Gottes lebt.
Du kannst nun für das eintreten, was du als wahr erkannt hast. Du brauchst niemanden mehr zu hassen. Du brauchst niemanden zu fürchten. Auch nicht dich selbst. Lass die Sorge. Schau die Blumen auf dem Feld und die Vögel unter dem Himmel und fürchte nichts. Du bist in keiner Gefahr. Dein Vater im Himmel weiß. Und das ist genug.

Quellenverzeichnis

Textnachweis:

Die Textauswahl und die Redaktion des Buches oblagen dem Verlag.

Kapitel 1: Ansprache zur Schlussversammlung auf dem Marktplatz, Evangelischer Kirchentag, Greifswald 1985

Kapitel 2: Festpredigt „Der Himmel liebt auch die schwarzen Schafe" anlässlich des Gottesdienstes zum 16. Dorndorfer Kirchfest, Evangelisch-Lutherische Superintendentur Bad Salzungen-Dermbach, Dorndorf, 28. Mai 2006

Kapitel 3: Kurzansprache beim Eröffnungsabend zum Kirchentag, Arnstadt/Thüringen, Mai 1983

Kapitel 4: Bibelarbeit über Römer 5,1-5, Evangelischer Kirchentag, Greifswald 1985, Forum A

Kapitel 5: Bibelarbeit über Matthäus 19 in Verbindung mit Rembrandts Hundertguldenblatt, Evangelischer Kirchentag, Greifswald 1985

Kapitel 6: Abendgebet über den Fischzug des Petrus, Kirchentag Erfurt, 12. Mai 1983

Kapitel 7: Bibelarbeit über Exodus 34 und das Gebot Jesu, Erfurt, Mai 1983

Kapitel 8: „Der Knecht Gottes und sein Schicksal", Bibelarbeit über Jesaja 42,1-7, Evangelischer Kirchentag, Greifswald 1985

Kapitel 9: Ansprache „Nicht sorgen", Liturgische Nacht zum Kirchentag in Erfurt, Mai 1983

S. 30: Röm 5,3-5a aus: Lutherbibel, revidierter Text 1984, durchgesehene Ausgabe © 1999 Deutsche Bibelgesellschaft Stuttgart

S. 67, 72/73: Segen nach 4 Mos 6,24-26 und Gebet „Ich lasse mich dir", in leicht abgeänderter Form entnommen aus: Jörg Zink, Wie wir beten können © KREUZ VERLAG in der Verlag Herder GmbH, Freiburg i. Br. 22011, S. 191/S. 244–245

Alle restlichen Bibelzitate sind entnommen aus: Die Bibel, neu in Sprache gefasst von Jörg Zink © KREUZ VERLAG in der Verlag Herder GmbH, Freiburg i. Br., Neuausgabe 2012

Fotonachweis:

Cover: © ultimathule/Shutterstock; S. 6/7: © Sarah Stocks-Wilson/Fotolia; S. 10: © emmi/Fotolia; S. 12/13: © Pavel Klimenko/Fotolia; S. 14/15: © George Muresan/Shutterstock; S. 18: © sborisov/Fotolia; S. 20/21: © JoLin/Shutterstock; S. 22/23: © MrSegui/Fotolia; S. 24: © Stefan Leyk/Fotolia; S. 26/27: © photoromano/Fotolia; S. 28: © Gina Sanders/Fotolia; S. 32/33: © Iakov Kalinin/Fotolia; S. 34: © csourav/Fotolia; S. 38: © Mike Kiev/Fotolia; S. 40: © paul prescott/Fotolia; S. 44/45: © LianeM/Fotolia; S. 46/47: © Christopher Meder/Fotolia; S. 52: © Carly Hennigan/Fotolia; S. 54: © hassan bensliman/Fotolia; S. 58/59: © Tyler Olson/Fotolia; S: 62: © Traci Law/Fotolia; S. 66: © Yuriy Kulik/Fotolia; S. 68/69: © wajan/Fotolia; S. 72: © GIS/Fotolia; S. 74/75: © Galushko Sergey/Shutterstock; S. 76/77: © Kica Henk/Fotolia; S. 80/81: © fhmedien_de/Fotolia; S. 85: © João Freitas/Fotolia; S. 86: © bierchen/Fotolia; S. 88: © Dmitriy Lesnyak/Fotolia; S. 90/91: © Fesus Robert/Shutterstock; S. 92: © Marianne Mayer/Fotolia; S. 96/97: © Taiga/Fotolia; S. 100: © Christoph Dudek/Fotolia; S. 102: © Kwest/Fotolia; S. 106/107: © Stuart Monk/Shutterstock; S. 110: © Zlatan Durakovic/Fotolia; S. 114: © Kushnirov Avraham/Fotolia; S. 116: © Birute Vijeikiene/Fotolia.